나 좋자고 하는 일인데요

나 좋자고 하는 일인데요
회사가 아닌 나에게 충성하는
일잘러 7인의 이야기

초판 1쇄 펴냄 2023년 5월 10일

지은이 고재형
사진 전호진

펴낸이 고영은 박미숙
편집이사 인영아 | 책임편집 이주미
디자인 이기희 이민정 박은영 | 마케팅 오상욱 안정희 | 경영지원 김은주

펴낸곳 뜨인돌출판(주) | 출판등록 1994.10.11.(제406-251002011000185호)
주소 10881 경기도 파주시 회동길 337-9
홈페이지 www.ddstone.com | 블로그 blog.naver.com/ddstone1994
페이스북 www.facebook.com/ddstone1994 | 인스타그램 @ddstone_books
대표전화 02-337-5252 | 팩스 031-947-5868

ⓒ 2023 고재형

ISBN 978-89-5807-955-2 03320

나 좋자고 하는 일인데요

interviewer
고재형

photo
전호진

회사가 아닌
나에게 충성하는
일잘러
7인의 이야기

김자현

송수아

이가은

권자경

정보현

조혜림

김미리

뜨인돌

직장을 구하는 일은 어렵다. 취업이든 이직이든 내가 몸 담을 회사를 정하는 일은 언제나 어려운 일이다. 세상의 모든 일이 그렇듯 내 뜻대로 되는 일은 하나도 없는데, 그중에서도 직장을 구하는 일은 내 뜻대로 안 되는 가장 고약한 일이다. 그래서 대부분의 사람들은 한 방에 취업하고 싶어 한다. 실패 없이, 방황 없이, 고난 없이 한 방에, 나와 내 주변 사람들이 원하는(혹은 부러워하는) 목적지에 도달하고 싶어 한다. 한 방에 도달하는 일은 불필요한 설명을 줄이고 시간을 절약시키는 동시에 그 이후의 삶을 예측 가능하게 만든다. '어디서 일하세요?'라는 질문에 회사 이름 두세 글자면 가볍게 해결할 수 있지 않은가. 마치 회사의 존재가 그 질문에 답하기 위해서라는듯, 우리는 그 곤란한 질문으로부터 벗어나기 위해 취업 이후에도 구직이란 굴레를 맴돈다.

하지만 구직은 여전히 어렵고, 대개는 한 방에 해결할 수 없는 종류의 일이다. 문제가 한 방에 해결되지 않으면 사람들은 점차 타협하게 된다. 나만큼이나 기다리는 가족들, 그리고 앞서가는 것처럼 보이는 친구들

속에서 조급해진다. 이 타협의 과정에서 사람들은 대부분 '나'를 놓친다. 네임 밸류는 조금 떨어지지만, 그래도 여전히 큰 회사니까. 내가 원하던 일은 아니지만, 그래도 회사가 괜찮으니까. 연봉은 조금 낮지만, 그래도 남들이 알아주는 회사니까. 이 타협들은 얼핏 보기에는 자신과의 타협처럼 보이지만 실은 타인들과의 타협이며, 자신에게 닥친 불안한 시대의 그림자를 조금이라도 짧게 만들려는 비공개 계약이다. 그리고 모두가 알듯이, 한번 시작해 버린 사회생활은 다시 되돌리기도 어렵다.

직장인 4명 중 1명만이 자신이 다니는 직장에 만족한다는 설문 조사를 기억한다. 그중에는 내로라하는 대기업과 글로벌 기업도 있었다. 누구에게나 부러움을 사는 회사에 다니면서도 만족하지 못한다면 무엇이 잘못된 것일까. 그것은 자신이 만든 이 상황이 숱한 타협의 결과여서가 아닐까. 사실은 회사가 만족스럽지 않은 게 아니라, 내가 하고 싶지 않은 일임을 깨달았음에도 그곳을 떠날 수 없는 본인의 처지에 대한 비관 때문이 아닐까.

그쯤에서 궁금해졌다. 3명이 불행할 때, 만족하고 있는 그 1명은 누구일까. 사장의 오른팔일까, 거대한 뒷배를 숨기고 있는 숨겨진 2인자일까, 그것도 아니면 이 체제에 완벽히 순응해 본인이 불행한지도 깨닫지 못한 채 살아가는 영혼들일까.

나는 궁금한 게 생기면 그냥 넘기지 않고 지나가는 사람을 붙잡아 묻는 편이다. 내 모든 글은 그렇게 개인적인 호기심을 타인에게 긁는 과정에서 쓰였다. 그래서 물었다. 수소문 끝에, 본인의 삶에 만족한 사람들을 찾아서 물었다. 남들이 다 좋다는 회사에 다니는 사람, 누가 봐도 회사생활에 만족한 것처럼 사는 사람, 자신의 일을 사랑하고 열정적으로 해내고 있는 사람을 붙잡고 물었다. 당신은 행복합니까. 당신은 그 회사를 왜 다닙니까. 당신은 이 불운한 시대에서 어떻게 만족하며 삽니까. 방법이 있다면 내게도 알려 주면 안 되겠습니까. 제발.

그러나 역설적이게도, 가장 만족스럽게 회사 생활을 하는 영혼들은 오히려 회사에 가장 충성하지 않는, '나 좋자고 사는' 사람들이었다. 처음부터 좋은 회사에 들어가는 게 목적이 아니었던 사람들, 소신껏 결정한 작은 회사가 갑자기 크고 좋은 회사가 돼 버린 사람들, 내가 할 수 있는 일이 아니면 과감하게 뒤돌아 다른 길을 걸었던 사람들, 한 번도 해 본 적 없는 일이지만 자신의 가능성을 믿고 뛰어든 사람들. 그들은 그런 사람들이었다.

인터뷰를 하는 내내, 나는 어떤 믿음에 균열이 가는 것 같았다. 나를 조금 희생해서 좋은 회사에 들어가면 내 삶의 부족한 부분은 회사라는 큰 이름이 알아서 해결해 줄 거라는 믿음이 서서히 갈라지며 터지기 시작했다. 그러자 비로소 좋은 회사에 들어가고도 뛰쳐나온 친구들, 오래도록 그린 꿈을 이뤘음에도 뒤돌아 나온 선후배들의 행동이 이해되기 시작했다.

이 책에는 그런 '나 좋자고 사는 사람들'의 이야기를 담았다. 회사에서 제법 만족스러운 삶을 살면서도 그곳에 속박되지 않은 아이러니한 사람들. 어떤 곳을 가든 회사에 얽매이지 않고 본인 좋을 대로 살아갈 것 같은 줏대 있는 사람들의 이야기다.

세상과 타협하지 않고, 스스로를 작게 만들지 않으며 일터를 선택하는 사람들에게는 어떤 건강한 마음이 깃들어 있을까. 그 사람들의 머릿속에는 어떤 생각이 자리잡고 있고, 또 어떻게 자라 왔기에 지금의 마음을 갖게 된 것일까. 만약 그들에게서 어떤 공통점과 차이점을 발견할 수 있다면, 여전히 세상과 타협해야만 만족하는 삶을 살 수 있다고 믿는 나와 또래의 선후배들에게 구원의 메시지가 될 수 있지 않을까. 그런 마음으로 이 책을 써 내려갔다. 동시에 너무 큰 담론을 다루지 않으려 경계했다. 인생에는 때론 나보다 반 발자국 정도만 앞서 있는 사람들의 조언이 필요한 순간이 있다. 닿지 않는 위인의 이야기가 오늘 나의 취업과 이직에 무슨 도움이 될까. 부모나 스승에게 물어보기엔 너무 자잘하고 친구들에게 묻기엔 부끄럽고 멋쩍은 질문들을 서슴없이 던졌다.

어렵게 들어간 회사를 떠나기 막막하거나 고민 끝에 선택한 회사가 별로일까 두려운 사람들. 좋아한다고 생각했던 일이 알고 보니 내가 아닌 남들이 좋아한 일이었음을 깨달은 사람들. 더불어 만족스럽지 않은 나날 속에서도 더 나은 하루를 고민하는 당신에게 이 책을 권한다. 처음에는 그들이 다니는 회사, 그들이 만들어 낸 안정과 만족이 부러웠다면 페이지를 넘길수록 점차 그들의 태도와 생각이 눈에 들어오리라. 그리고 이내, 그 태도를 닮아 가고자 하는 자신의 모습을 발견할 수 있으리라.

오늘도 하루를 열심히 살아 내는 이 땅의 모든 직장인, 예비 직장인, 이직 희망러, 그리고 예비 백수에게 이 책을 바친다. 그리고 이 책을 끝까지 써 낼 수 있도록 나태 지옥의 보안관이 된 나의 아내와 딸에게도 함께 바친다.

김자현

interviewee

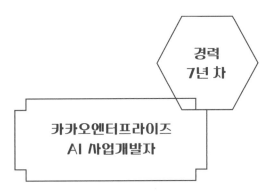

경력
7년 차

카카오엔터프라이즈
AI 사업개발자

SK브로드밴드를 거쳐 카카오엔터프라이즈에 입사, AI 분야의 사업개발을 담당하면서 다양한 성과들을 내며 파트장을 맡았다. 낮에는 직장인으로, 밤에는 뮤지컬 배우이자 주짓수 블루벨트로, 주말에는 친형과 함께 만든 '설악젤라또'라는 로컬 브랜드의 명예 사업개발을 맡고 있다. 굳이 명예라는 말을 붙인 건 돈도 안 받고 주말에만 일하고 있어서라고.

"이기적인 마음으로
요즘 시대에 충성하는 거죠."

아마 이 책을 읽는 당신은 MZ 세대거나, 혹은 MZ 세대가 궁금해서 이 책을 집었을 것이다. 책에 등장하는 모든 인터뷰이가 공교롭게도 그 세대에 포함돼 있으니까. 'MZ 세대는 이렇고 저렇다'는 진부한 말을 하려는 건 아니다. 소위 'MZ 세대론'은 어느 날 혜성처럼 등장한 정체불명의 세계관이 아닌가. 1980년대생부터 2000년대생까지를 모두 한 세대로 치부해 버린 굉장히 불친절한 이 세계관은 '요즘 젊은 사람'들이 어떤 생각을 하는지 난해하게 만들기만 했다. M 세대의 중심에 끼어 있는 나로서는 함께 묶이는 Z 세대에게 몹시 미안할 뿐.

그런 불편하고 불친절한 세계관에서 가장 듣기 불편한 말은 '요즘 것들은 일을 열심히 안 한다'라는 말이다. 워라밸을 따지느라 회사를 열심히 안 다닌다거나, 회사 생활은 열심히 하지 않고 취미생활에만 몰두해서 성과가 나오지 않는다거나, 혹은 지나치게 이기적이어서 단체 생활에는 참여하지 않고 개인 시간에만 집중한다는 말 같은 섣부른 표현들은 우리 세대를 이해하는 데 별다른 도움이 되지 않는다.

어느 시대건 일을 잘하고 열심히 하는 사람과 그렇지 않은 사람의 비율은 비슷하게 나눠져 왔다. 괜히 20 대 80 법칙 같은 파레토 법칙이 오랜 시간 구전돼 왔겠는가. 우리 세대에도 일 잘하는 사람들은 있다. 누구 못지 않게 회사 일에 진심이고, 열심히 노력하며 스스로를 성장시키는 사람들이 있다. 그런데 왜 기성세대들은 MZ 세대를 싸잡아 일을 하지 않는 게으른 세대라고 말하는 걸까. 그건 아마도, 일을 잘하고 못하고를 떠나 이 세대가 갖고 있는 공통적인 특징이 그들에게 묘한 불편함을 주기 때문은 아닐까.

나는 지금 세대가 그 어떤 세대들보다도 이기적인 세대라고 생각한다. 오랫동안 한국 사회를 지배해 왔던 헌신이나 희생과 같은 개념들과는 거리가 먼 세대라는 말이다. 기성세대가 증명하지 않았는가. 헌신하고 희생해도 결국 퇴직하고 마는 잔인한 현실을 말이다. 열심히 사는 사람 조차도 각자도생해야 하는, 스스로 생존 방법을 찾아내지 못하면 도태될 수밖에 없는 이 시대가 지금 세대를 그 어떤 세대보다도 이기적으로 만들었다고 생각한다.

그런데, 이기적인 게 나쁜 것일까? 회사보다는 개인의 성장을 추구하는 태도가 만약 이기적인 것이라면, MZ 세대는 모두 이기적인 사람들이라고 해야 할 것이다. 하지만 그런 태도들을 가진 사람들 중에서도 성과를 내고 성장하는 사람들이 있다. 괜히 '네카라쿠배'라고 불리는 회사들이 최고의 인재들을 데려오기 위해서 자율 선택 근무제나 성장 지원 제도 같은 것들을 만드는 게 아니다. 어쩌면 개인의 성장을 위해 회사를 이기적으로 다니는 것이, 지금 이 시대를 이끌어 가는 최고의 인재들이 갖는 기본적인 태도일 수 있다.

이 사례에 딱 맞는 표본이 있다면, 요즘 것들을 이해하지 못하는 기성세대에게는 해명을, 이기적인 마음으로 회사를 다니고 싶은 요즘 세대에게는 안심을 줄 수 있을 것 같았다.

카카오엔터프라이즈는 무슨 일을 하는 회사인가요?

음, 건조하게 말하면 카카오가 갖고 있는 AI 기술들을 바탕으로 비투비 (B2B) 사업을 하는 회사라고 할 수 있겠네요. 말이 어렵죠?(웃음) 저희 고객은 주로 기업이고요, 카카오가 개발한 인공 지능 기술로 솔루션과 서비스를 만들어 다양한 기업에 제공하는 일을 하고 있어요.

건조하지 않게 말한다면 어떻게 말할 수 있을까요.

오늘 인터뷰하러 오실 때 차 타고 오셨죠? 아마 그 차에 카카오 음성 인식 비서가 들어가 있을 거예요. 길이나 날씨를 물어볼 때 활용하는 음성 인식 시스템을 카카오가 개발한 거죠. 또 AI 음성 엔진이나 대화형 엔진 같은 것들이 있는데, 이런 기술들은 음성 합성이나 상담 같은 데 쓰이기도 해요. 구글이나 아마존 같은 외국 회사들은 이런 AI를 활용한 비즈니스들을 공격적으로 하고 있는데, 이들은 외국 기업이다 보니 아직까지는 인공 지능들이 한국어에는 좀 약하죠.(웃음) 카카오는 국내에서 가장 큰 플랫폼인 카카오톡을 운영하고 있고, 또 다음(Daum) 포털의 검색 기술과 같이 한국어와 한글에 대한 경험과 연구, 그리고 데이터에서 가장 큰 파워를 가지고 있어서 외국 기업들보다 훨씬 더 고도화된 학습이 가능해요. 이렇게 학습된 한국어 인공 지능을 사람을 대신해서 쓸 수 있는 곳에 적용하고 개발하는 일이라고 더 쉽게 풀어서 설명할 수 있을 것 같네요. 저는 여러분이 고객 센터에서 만날 수 있는 AI 전화음성봇이나 챗봇의 기능을 더 끌어올려서 고객들이 더 편하게 사용할 수 있도록 만드는 일을 하고 있습니다.

AI 이야기가 나와서 하는 말인데, 항상 궁금했는데 부끄러워서 못 물어본 질문이 있어요.

AI가 인류를 지배해서 멸망시킬 거냐는 질문이죠? 현직에 있는 담당자가 느끼기에는 가능성 0%입니다. 하지만 사람들이 그런 공포나 두려움을 느낄 만큼 최근 우리 삶에 인공 지능이 깊숙하게 들어오긴 했죠. 아, 그런데 최근 오픈 AI에서 나온 ChatGPT를 보고 나니 가능성이 1% 정도 올라가는 것 같긴 하네요.(웃음)

물어보지 않게 해 줘서 고마워요. 하지만 말한 것처럼 인공 지능의 발전은 최근 몇 년 사이 무시할 수준은 아니었던 것 같아요.

사람이 하는 일을 대체하기 시작해서 느끼는 공포감이겠죠. 당장 인류를 멸망시키진 않겠지만, 많은 일을 대체하고 있으니까요. 처음 우리가 만났던 인공 지능 스피커는 그런 수준은 아니었잖아요. 음악 틀고, 알람 맞추고, 날씨 물어보는 용도로 많이 썼으니 두려움의 대상은 아니었죠. 그런데 인공 지능 기술이 계속해서 발전하면서 다양한 분야에서 더 쓸모 있는 수준으로 올라오게 됐어요. ChatGPT 같은 챗봇이 대표적인

데, 챗봇이 아주 기본적인 상담만 잘해 줘도 많은 문제를 해결할 수 있죠. 아주 단순한 질문들도 상담원과의 통화로 해결하려는 경우가 많은데, 챗봇이 이런 질문들을 많이 해소해 주면 상담원들의 스트레스도 많이 줄어들겠죠. 그래서 지금의 인공 지능은 인간이 일을 더 편하게 할수 있게 만들어 주는 조력자의 역할이지, 〈아이언맨〉의 자비스처럼 갑자기 울트론이 돼 사람들을 지배하고 멸망에 이르게 하는 존재는 아니라고 생각해요. 사람이 더 사람답게 일할 수 있도록 돕는 게 인공 지능의 현재이자 미래가 아닐까.

AI와 관련된 일은 얼마나 하신 거죠?

방금 전까지 엄청 전문가인 척 이야기하긴 했지만, 이제 4년 정도 됐어요. 이제는 익숙하지만, 처음엔 낯선 분야였죠. 우리가 '나는 최고의 인공 지능 전문가가 되겠어!'라고 생각하면서 자란 건 아니잖아요. 저도 마찬가지로 회사를 통해서 처음 접하게 된 산업이었고, 공부하면 공부할수록 매력적인 분야라는 생각이 들어서 이곳에 머무르기로 했죠.

경영학과를 나왔다고 하셨는데, 학창 시절에는 어떤 직업을 꿈꿨나요?

재미있는 게, 저는 학교 다니면서 어떤 '직업'을 갖고 싶다고 생각해 본적은 없었던 것 같아요. 보통 직업 선택의 유연성 때문에 경영학과를 선택하거든요. 그런데 대부분 '업', 그러니까 직업을 뭘로 할지는 고민하지만 어떤 산업에서 일할지는 고민하지 않는 것 같아요. 저는 자신이 좋아하는 시장에서 일하는 게 어쩌면 직무보다 더 중요하다고 생각하거든요. 예를 들어 내가 마케터라는 꿈을 꾼다고 해 봐요. 그러면 카카오 같은 IT 회사에서 하는 마케팅과 병원이나 건설 회사, 공연 기획사 같은 곳

나 좋자고 하는 일인데요

에서 하는 마케팅은 완전히 다르단 말이죠. 그런데 학창 시절에는 이런 직업과 산업에 대한 공부가 충분하지 않다 보니까 '어디든 상관없이 일단 마케터'라는 생각을 먼저 하게 돼요. 물론 똘똘한 친구들은 특정 산업을 정하긴 하지만, 그건 어디까지나 유행에 민감할 뿐이지 자신의 적성을 진지하게 고민한 친구들은 많지 않죠.

생각해 보면, 학창 시절에 회사를 고르는 일은 다소 맹목적이긴 하죠.

본인이 원하는 걸 정확하게 알지 못하고 선택한 결과는 대부분 불행으로 이어져요. 선택을 잘못한 채로 쭉 살거나, 다시 선택해야 하는 순간을 맞이하죠. 그러니 쓸데없는 에너지를 쓰지 않고 싶다면 어떤 직무에서 일할지를 고민하는 것만큼이나 내가 좋아하는 산업군을 선택하는 것도 중요한 것 같아요. 직업만 정하고 취업하려고 하니, 100개의 지원서를 쓰게 되는 거죠. '어디든 좋으니 마케터로 붙기만 해라' 같은 마음이라고 해야 할까요.

생각해 보니 그렇네요. 대부분 직업을 먼저 선택하고 산업군은 크게 따지지 않는 편인 것 같아요. 일단 유명한 회사면 된다는 안일한 마음도 있는 것 같고.

아까도 말했던 것처럼 같은 마케터라도 산업군에 따라서 하는 일이 천지 차이란 말이에요. 내가 원했던 일이 그 일이 아닐 수도 있는데 거기까지는 미처 생각을 못 하는 경우가 많은 것 같아요. 그런데 그런 고민 없이 시작하면 첫 시작부터 불행해질 수 있는 거죠. 우리에게 주어진 시간은 한정적이고, 모든 걸 준비할 수는 없잖아요. 그러니 제일 중요한 건 내게 맞는, 내가 일하고 싶은 분야를 먼저 정하는 것 같아요. 일단 산업군을 정하면, 내가 지원할 회사가 정해져요. 산업군 안에서는 회사가 그렇게 많지 않거든요. 그럼 그 안에서 도전하고 선택하는 게 첫 시작이라고 생각해요. 지원할 회사가 정해지니까 더 밀도 있게 준비할 수 있고, 훨씬 더 간절하게 임할 수 있죠. 그런 것들이 취업에서의 성패를 가르는 것 같고요. 일단 내가 어디에 좌표를 찍을지를 정한다고나 할까요.

자현 님의 경우에는 어떤 분야에 좌표를 찍었나요?

지금도 취미로 하고 있지만, 저는 뮤지컬을 정말 좋아해요. 공연 보는 것도 좋아하고요. 그래서 문화 콘텐츠나 공연과 조금이라도 연관성이 있는 곳에 가 보자고 생각했어요. 몇 개의 회사를 찍고 준비했고, 최종으로 미디어/콘텐츠 사업을 하는 SK브로드밴드를 선택해서 커리어를 시작했죠. 물론 현실적인 것들도 고려했어요. 어려서부터 최소 이 정도의 돈은 벌고 싶다는 욕심이 있었는데, 바로 공연 현장으로 가려니 보수가 걱정되더라고요. 내가 좋아하는 것을 더 좋아하려면 적어도 경제적인 부분에서 양보하면 안 되겠다는 생각이 있었죠. 그래서 적당히 타협했어요. 남들처럼 꿈을 바로 좇을 용기는 없지만, 그래도 너무 멀어지지는 않겠다, 회사 생활을 하더라도 내가 좋아하고 관심 있는 분야에서 하겠다는 나름의 중간 지점이 있었던 거죠. 하지만 직무는 사업개발을 해야겠다고 일찌감치 생각했어요. 학교 다닐 때에도 직접 발로 뛰고 정보를 모으고 새로운 프로젝트 하는 걸 좋아했거든요. 자리에 가만히 앉아서 일하는 것보다는 조금 더 새로운 것들을 만드는 발로 뛰는 직무가 잘 맞겠다고 생각했죠.

저는 회사 생활에서 낭만 같은 게 있었던 시절이 있거든요. '내가 진짜 좋아하는 일을 하기 위해서라면 돈은 포기할 수 있어!' 같은 마음이랄까. 주변에 그런 무모하고도 용기 있는 선택을 하는 사람들이 꽤 있었는데, 자현 님은 좋아하는 일과

현실 사이에서 적당히 타협한 것 같은 느낌이네요.

주변에서 저한테 실망했다고 말하는 사람들도 있었어요. 제가 워낙 뮤지컬을 좋아하니까, 누가 봐도 뮤지컬과 관련된 일을 할 거라고 생각했나 봐요. 그런데 제게는 현실적인 문제도 컸어요. 우리는 위인이 아니잖아요. 결국 우리는 회사를 다니고, 나와 내 가족을 책임져야 하는데 나혼자만 보고 결정을 내릴 수는 없는 노릇이죠. 사실 학창 시절에는 창업을 정말 하고 싶었어요. 그런데 창업이란 건 너무 큰 기회 비용이 들잖아요. 고민을 하던 와중에 친형이 갑자기 자기 사업을 하겠다며 열심히준비하던 취업을 포기한 거예요. 그때 생각했죠. '아, 집에 누군가 꾸준히 돈을 벌어 오려면 내가 취업을 하긴 해야겠구나.' 창업할 마땅한 아이템을 못 찾은 것도 있었지만, 현실적인 옵션을 무시할 수는 없었어요. 인생 멋있으려고 사는 건 아니잖아요. 용기도 중요하지만 현실도 중요했기 때문에 제 선에서 할 수 있는 최소한의 노력은 타협이었어요. 그래, 내가 그래도 꿈을 아주 외면하지는 않았다, 가슴 한편에 꿈을 담으면서직장 생활을 하고 있다, 정도의 마음으로요.

그렇게 해서 간 첫 회사, 어땠어요?

일하는 동안에는 많이 성장하고 재미있게 다녔지만, 대기업 특유의 문화를 조금 답답하게 느꼈던 것 같아요. 어쩌면 제가 금방 질렸을 수도있고, 아니면 다른 것에 도전해 보고 싶은 욕심이 생겼던 걸 수도 있고요. 대신 사업개발이라는 직무를 하면서 업에 대한 확신은 생겼죠. 일을하면 할수록 남들보다 제가 잘하는 것들이 보이기 시작하더라고요. 이일로 돈을 어떻게 벌 수 있을지, 어떤 파트너사와 함께하면 사업이 더잘될 수 있을지, 지금 이 사업에 필요한 것과 부족한 것이 무엇인지 같은 것들이 잘 보였어요. 일을 하면 할수록 새로운 분야에서 새로운 도전을 사업개발이란 직무로 해 보고 싶다는 생각이 들었던 것 같아요. 대신 너무 큰 변화는 원하지 않았어요. 비슷한 조직 문화거나, 최소한 내가 이해할 수 있는 분야여야 한다고 생각했죠. 너무 큰 변화는 제가 가진 장점들을 놓치게 만들 수도 있으니까요. 그러다 평소에 유심히 지켜보던 AI 분야가 눈에 들어왔고, 마침 AI 분야에서도 사업개발로 일할 수 있는 기회가 생겨 합류하게 됐습니다.

학창 시절에는 생각해 본 적 없던 분야지만, 결국에는 자신에게 맞는 걸 점차 찾아가는 과정이 된 거군요.

그렇죠. 그런데 처음 취업한 분야를 잘못 골랐다면 사업개발이라는 직무 자체에 대해서도 의심했을 거예요. 내가 잘하는 게 맞는지, 다른 회사를 간다고 해도 더 잘할 수 있는지 같은 것들을 끊임없이 의심하고 고민했겠죠. 첫 회사에서 좋아하는 분야의 일을 하면서 쌓인 작은 성취와 성공의 경험들이 제가 일을 잘한다는 인식을 갖게 했고, 그 덕분에 새로운 분야로의 도전도 할 수 있었던 거라고 생각해요. 물론 AI가 최종 목적지는 아닐 수도 있겠죠. 하지만 직업에 대한 자신감과 확신을 얻었고 앞으로는 어딜 가든 잘할 수 있겠다는 긍정도 생겼으니 그걸로 충분하다고 생각해요. 이렇게 경험을 쌓다 보면 언젠가는 창업을 할 수도 있겠죠?(웃음)

창업이라니, 회사 생활이 인생의 종착점은 아닌 거군요.

어쩌면요. 제가 찍어야 할 좌표나 산업군보다 더 중요한 건 '얼마나 재미있게 할 수 있느냐'인 것 같아요. 재미있게 할 수 있는 일은 결국 '내

일'이라는 생각을 오래도록 했거든요. 당장은 아니겠지만, 사업개발의 끝에는 제 사업의 개발이 있어야 하는 게 아닐까.

누구보다 회사 생활을 열심히 하고, 또 일에도 진심인 것 같은데 그런 사람이 회사 밖의 삶을 꿈꾼다는 게 어떤 의미에서는 아이러니하기도 해요.

돈 벌어야죠.(웃음) 회사 생활을 열심히 할수록 회사에서의 시간은 짧아진다고 생각해요. 회사에서도 열심히 안 하는 사람이 밖에 나가서 뭔가를 열심히 할 수 있을까요? 내가 좋아하는 일에서도 하기 싫은 일들을 해야 하는 순간이 오잖아요. 그리고 여전히 창업은 아이템이 중요하다고 생각해요. 아이템을 잘 발견하려면 많은 경험이 필요한데, 그러려면 회사만큼 좋은 성장의 요람이 없죠. 회사는 제가 일을 더 잘할 수 있게 해 주는 곳이자 제게 필요한 돈과 경험을 주는 곳이라고 생각한 뒤로는 회사 생활을 더 열심히 하게 됐어요. 회사를 활용하는 거죠. 이곳에서의 성공이 언젠가는 나의 성공을 담보하게 될 것이라는 마음으로….

회사를 '활용'한다는 마인드가 재미있어요.

어른들은 싫어하실 수도 있지만…. 제 솔직한 생각은 회사와 나의 관계를 지극히 거래 관계로 보자는 거였어요. 회사에 신입 사원으로 들어가 몇십 년씩 일하고, 회사에 충성하고 한 몸이 돼 회사를 성공의 길로 이끌겠다고 생각하는 시절은 이제 지났다고 생각해요. '나는 일을 하기 위해서 이곳에 온 거고, 회사 너도 내 역량이 필요하지?'라고 생각하면 회사와 나의 관계를 조금 더 객관적으로 바라볼 수 있게 돼요. 그러면 조금 더 영리하게 일할 수 있게 되죠. 회사의 성장뿐 아니라 나의 성장도 함께 고려할 수 있는 방향으로 일하게 되니까요. 저는 이게 일을 더 잘하게 만드는 방법이라고 생각해요. 뭐가 됐든 회사만 잘되면 된다는 마인드가 되면 결국 어느 순간에는 개인의 희생을 요구하게 되는데, 이게 중장기적인 관점에서는 모두에게 손해라고 생각하거든요. 일을 더 잘하는 개인이 되게끔 회사와 개인이 협력하는 관계가 건강한 관계이자 더 좋은 결과를 만들어 낼 수 있는 방법이라고 생각해요.

회사와 나 사이의 관계를 객관적으로 바라보는 건 이해했어요. 그런데 이 관계가 어떻게 회사를 활용하게 만드는 건가요?

정확히는 회사를 다니는 과정이 언젠가 제 일을 하는 과정에서 좋은 재료가 된다는 표현이 맞을 것 같아요. 거인의 어깨 위에 올라가는 일이라고 할까요? 좋은 회사에는 좋은 동료들이 있죠 보통. 그 좋은 동료들이 일하는 방식을 보고 배우는 것도 회사를 활용하는 방법이라고 볼 수 있어요. 제가 반죽만 잘해도 맛있는 빵이 나올 수 있는 회사 구조와 동료들이 있는 거니까요. 큰 회사에서 일하면 같은 경험을 해도 더 크고 정밀하게 할 수 있죠. 요즘 좋은 회사들은 교육비 지원도 해 줘요. 저는 그런 거 하나도 안 빼먹고 다 써요. 내가 일 더 잘하고 싶어서 업무 외 시간에 공부하겠다는데 마다하는 상사가 어디 있겠어요. 그런데 제 입장에서는 지극히 이기적인 선택일 수도 있죠. 일은 더 잘하게 될 테지만, 이건 꼭 회사만을 위한 선택이라기보다는 제 성장을 위한 거니까. 하지만 제 성장이 회사에도 좋은 일이 되니 결국엔 회사가 제공한 기회들을 제가 활용한 셈이 되는 거죠. 개인으로는 할 수 없는 경험들, 그 과정에서 얻는 성취의 경험들이 쌓이면 그게 또다시 저를 위한 일이 되는 거고요. 그 과정이 너무 재미있더라고요. 이건 예전에도 그랬고 지금도 마찬가지예요.

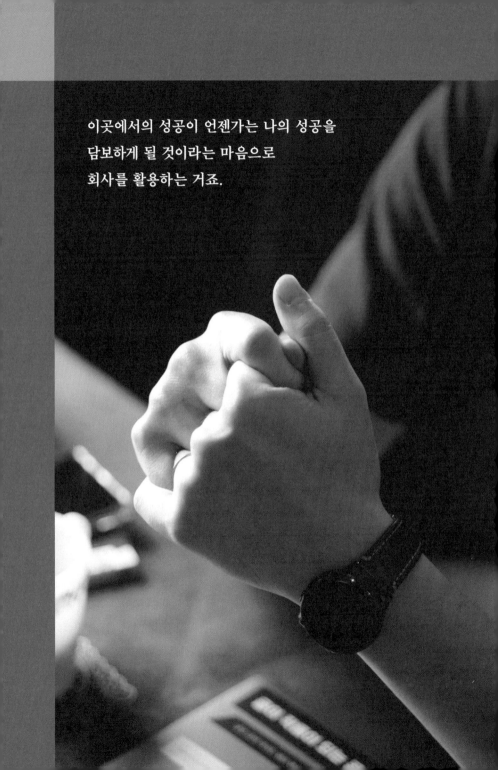

이곳에서의 성공이 언젠가는 나의 성공을
담보하게 될 것이라는 마음으로
회사를 활용하는 거죠.

자현 님을 보면 굉장히 부지런하다는 생각이 들어요. 회사 생활 이야기만 듣더라도 그렇고요. 부지런한 삶의 동기 부여는 어디에서부터 오나요?

불안이요.

의외의 대답이네요.

저는 지고 싶지 않아요. 조금 더 정확히 이야기하면 지거나 실패하는 게 무서워요. 저는 가진 게 많지 않아서, 한 번 한 번의 기회가 너무 소중하거든요. 그 기회들을 낭비하고 싶지 않아요. 지지 않으려면 어떻게 하면 될까요? 잘 싸워서 이기면 되는 것도 맞는데, 저는 애초에 지는 싸움을 시작하지 않는 게 지지 않는 첫 시작이라고 생각해요. 제 평소의 부지런함과 주도면밀함은 지지 않기 위해서 만드는 일종의 보호 장치인 거죠. 질 수 있는 모든 경우의 수를 대비하려니 얼마나 부지런해야겠어요. 그래서 창의적으로 문제를 해결하는 사람들을 동경하고 부러워해요. '나는 저런 위기 상황에 대비돼 있지 않으면 질 텐데, 저 사람은 순간적인 번뜩임으로 문제를 해결하는구나' 하고요.

MBTI에서 굳이 따지자면 J 성향이 강한 거라고 봐야 할까요.

일에서는 적어도 그런 것 같아요. 지고 싶지 않은 분야에서는요. 개인적인 분야에서는 전혀 없고요.(웃음)

하지만 그런 부지런함은 휘발되지 않고 다 남잖아요. 개인의 성장에도 큰 도움이 되고요.

사람들은 제가 임기응변이 되게 좋은 줄 알아요. 그런데 사실 아니거든요. 제가 다가오는 모든 상황을 준비하고 예상했기 때문에 대처가 빠를 뿐이란 건 잘 몰라요. 무대에 올라서 실수하기 싫을 때 필요한 건 모든 순간을 대비한 엄청난 양의 연습이에요. 실수했을 때 어떻게 대처해야 할지를 미리 상상하니, 실제로 실수나 사고가 발생했을 때 제 모습을 보면 임기응변에 능하다고 생각할 수도 있겠죠. 말씀하신 것처럼 이런 경험들은 어디 가지 않고 제 안에 다 남아서, 어느 순간에는 지금 이 상황을 내가 해결할 수 있는지 없는지 파악할 수 있는 수준까지 가게 돼요. 사이즈를 잰다고들 하잖아요. 어떤 상황을 보면 보이는 거죠. 지금 내가 들어가서 이길 수 있는지, 아니면 질 싸움이니까 들어가면 안 되는지를.

그러면 지는 싸움은 아예 안 하나요?

보통은 그렇지만, 삶이란 게 꼭 그렇게만 되는 건 아니니까요. 나중에는 나름의 극복 방법들이 생기더라고요. '이긴다'는 표현은 결국 내가 무엇이라도 얻을 수 있다면 쓸 수 있는 거라고 생각해요. 예를 들어, 오늘 친구들이랑 축구를 하기로 했는데 상대 팀에 손흥민이 뛴대요. 무조건 지겠죠. 그렇다고 경기를 안 할 수는 없잖아요. 대신 지더라도 손흥민과 축구를 하면서 배우고 얻는 게 있겠죠. 그러면 저는 졌어도 이긴 부분이 있다고 생각해요. 재미있는 정신 승리죠? 하지만 이런 태도들이 실패를 의연하게 만드는 데 큰 도움을 줘요. 고생하고, 위험을 겪더라도 얻을 수 있는 게 있다면 그 리스크를 감내하고서라도 실패를 받아들이는 거죠. 이런 과정 없이 무작정 일하면 실패가 너무 크게 다가올 때가 있어요. 그런 걸 피하고 싶은 거죠. 얻는 것 없이, 아무런 의미 없이 시간과 체력과 정신을 낭비하는 일을 하기 싫다는 삶의 기준이 되기도 하고요.

아직 창업을 안 하는 건 창업에 지고 싶지 않아서이기도 하겠군요.

정확하죠. 이기려면 더 쌓아야 할 것들이 많아요.

그래도 중간중간 계속 새로운 도전들을 하신 것 같은데요.

주로 형의 일을 많이 도왔어요. 형이 열심히 준비하던 취업을 뒤로하고 창업을 두 번 했어요. 둘 다 외식업이었는데, 한 번은 음식점이었고 한 번은 젤라또 가게였어요. 젤라또 사업은 아직 하고 있고요. 음식점은 베트남 쌀국수였는데, 보기 좋게 망했죠. 변수를 충분히 파악하지 못하고 뛰어든 게 화근이었어요. 자본적인 문제도 있었고, 코로나라는 벽도 있었고, 그리고 형의 건강이라는 변수도 있었죠. 초반에는 잘 나갔지만, 그 뒤로 유지하는 게 얼마나 어려운지도 알았어요. 그리고 내 자본을 무한정 태울 수 없다는 것도 알았고요. 형 창업에 제가 투자를 많이 했거든요. 물론 아직도 회수는 못 했고요.(웃음)

젤라또 이야기가 궁금해요.

제 일이 사업개발이니까, 형이 하려는 창업의 사업개발을 제가 외주한 모양새가 됐죠. 베트남 쌀국수 가게를 닫으면서 몇 가지 다짐한 게 있었어요. 일단 불 앞에서 하는 음식점은 하지 말자.(웃음) 그리고 돈이 없으니까 돈을 지원받을 수 있는 아이템을 고르자 같은 것들이었죠. 물론 불 앞에 서지 말자고 해서 아이스크림을 고른 건 조금 극단적이지만, 나름 철저한 시장 조사가 있었어요. 왜 젤라또여야 하는지, 젤라또 중에서도 왜 우리 젤라또를 사람들이 골라야 하는지 같은 치열한 고민들이 있었죠. 그러다 '지역의 특산품으로 젤라또를 만들면 로컬 브랜드로 승부를

나 좋자고 하는 일인데요

볼 수 있지 않을까?'라는 생각을 하게 됐고, 강원도에서 청년 창업자들을 지원하는 사업이 있다는 걸 확인하고 전략적으로 사업계획서를 쓰고 경쟁 PT를 했어요. 그리고 지원금을 받아 냈죠. 그걸 시작으로 지금까지 열심히 형을 돕고 있어요. 제가 월급을 받는 것도 아닌데, 퇴근하고 밤과 주말 시간을 써야 하는 일인데도 너무 재미있어요.

어떤 게 제일 재미있던가요?

사실 말이 좋아 창업이지 형 입장에서는 생계를, 제 입장에서는 자본을 건 도전이자 모험이었어요. '실패했으니까 좋은 경험으로 남기고 다음

에 더 잘해 보자' 같은 여유는 없었죠. 가게를 내기 전에 가장 두려우면서도 궁금한 건 하나였어요. '진짜 팔릴까?' 그때 처음 알았어요. 제가 다니는 커다란 회사라는 딱지를 떼고서 시장에 나왔을 때 온전히 평가받는 제 밑천을요. 젤라또는 맛있어야 먹을 테고, 또 사람들이 우리 젤라또를 알아야 주문을 할 거잖아요. 성공할 수 있는지 없는지 아무것도 알 수 없는 상황 속에서 처음 주문이 들어왔을 때의 그 쾌감을 잊지 못해요. 새로운 실험과 도전, 그 사이에서 나타나는 성과들이 저한테 엄청 큰 동력이더라고요. 알고는 있었지만, 정말 적성에 잘 맞는다는 걸 다시 깨달았죠.

새로운 실험이라고 했는데, 어떤 실험들이 있었어요? 두 번째 도전이었으니 더 신중했을 것 같아요.

형이 살던 집이 주택이었는데, 1층이 상가였어요. 그런데 그 상가가 꽤 오랫동안 비어 있었거든요. 건물 주인한테 가서 말했죠. 어차피 비어 있는 상가, 월 15만 원에 한 달만 빌려 달라. 그리고 정말 간이로만 꾸미고 배달의민족에 입점했어요. 오프라인 매장에서는 어필할 수 있는 환경이 없으니, 온라인에서 먼저 승부를 보고 만약 성과가 있다면 그때 투자를 해 보자는 심산이었죠. 그런데 주문이 실제로 들어오더라고요? 진짜 배달이 들어오니까, 배달 가야죠. 가까운 데는 걸어가고, 먼 데는 오토바이가 없으니까 차로 배달해 줬어요. 아마 가장 따뜻하게 배달된 아이스크림이었을 거야.(웃음) 제 나름대로 계산했던 수치가 있었어요. 이 정도까지 배달이 올라오면 우리는 분명 승부를 볼 수 있을 것이다. 그런데 시간이 지나면서 주문이 계속 들어오고 수치가 좋아지더라고요. 아, 이번엔 형이 제대로 한 건 했다는 생각을 했고, 그때부터 과감하게 사업을 지원하기로 했죠. 지금 이 이야기를 하는 순간에도 너무 재미있어요. 내가 직접 관여할 수 있는 일, 그리고 내 능력으로 인해 성장하는 과정을 바라보는 게 즐거웠던 것 같아요. 사회에서 나를 지켜 주는 다양한 환경적인 요소들을 떼고도 내가 해낼 수 있다는 쾌감 같은 것도 즐거웠고요.

사업이 성공하려면 어떤 수치가 나와야 한다는 계산은 다 회사에서 배운 것들이겠군요.

그런 프로세스들은 아주 이골이 날 정도로 잘 알고 있죠. 회사를 다니지 않았다면 몰랐을 것들이고요. 사업개발을 해 보면서 느끼는 거지만, 사업의 본질은 변하지 않더라고요. 제품이 있어야 하고, 그 제품이 검증돼 있어야 하고, 시장이 있어야 하고, 시장 타겟팅을 했을 때 타겟이 누구인지, 매출과 비용이 얼마나 나올지, 그리고 이런 계산 속에서 순이익이 얼마나 나와야 생존할 수 있는지까지의 프로세스를 마치 회사 일 하듯이 형의 일에도 적용했죠. 개인적으로 기분이 좋았던 건, 강원도에서 우리 사업으로 피칭을 할 때마다 항상 최우수에 가까운 평가를 받았어요. 덕분에 지원금도 아쉽지 않게 받을 수 있었고요. 내가 그동안 회사에서 해 왔던 것들이 헛되진 않았구나, 내가 회사에서 배운 것들로 일궈 낸 회사 바깥의 성과들이 남들이 보기에도 괜찮아 보이는구나, 하면서 자신감을 더 얻기도 했고요.

이런 연습과 경험들이 쌓여서 언젠가는 자현 님의 일을 하게 되겠군요.

아마도요. 하지만 시간은 꽤 남았을 테죠. 아직은 회사에서 일하는 게 재미있어요. 그리고 회사 일이든 제 일이든 저는 기본적으로 일하는 걸 좋아하는 것 같아요. 돈을 많이 벌게 되더라도 일은 계속하지 않을까요?

회사에서는 자현 님의 회사 밖에서의 일들에 대해서 어떻게 생각해요?

조금 재수 없게 들릴 수도 있겠지만, 일단 제가 회사 일을 잘하고 있기 때문에 문제가 되지 않는 것 같아요. 제가 회사 생활을 개판으로 하는데 딴짓이나 하고 다니면 그건 문제가 되겠죠. 그리고 제게 회사 밖의 일들은 아직까지 취미에 가까워요. 아까도 말했지만, 제가 돈을 버는 것도 아니고 그렇다고 업무 시간을 빼서 일하는 것도 아니니까요. 오히려 저는 이런 작업들이 일을 더 잘하게 만들어 준다고 생각할 때도 있어요. 혹시나 해서 회사에 물어보기도 했어요. 괜찮다는 대답을 받았지만, 오히려 회사 일에 신경을 더 쓰려고도 하죠. 기본이 돼 있어야 다른 일들도 할 수 있으니까.

진짜 부지런하다고 느낀 게, 회사를 다니면서 뮤지컬을 한다면서요. 글도 종종 쓰고, 주짓수도 같이하고 있다고요.

회사 이후의 시간들을 알차게 쓰는 편이긴 한데, 이렇게 들으니까 정말 그렇게 보이네요.(웃음) 가끔 '너 어떻게 그 많은 걸 다 하냐'라는 이야기를 듣긴 하는데, 사실 세어 보면 그렇게 많지는 않아요. 회사에서 일하는 건 남들이랑 똑같고, 거기에 남들처럼 운동 하나 하고, 또 평소에 형 일 도와주고, 뮤지컬은 취미이고 그런 거니까….

지금 말하면서 되게 모순적인 거 알죠?

그런가요.(웃음) 어쨌든 네, 뮤지컬은 아직도 하고 있어요. 주짓수도 배우고 있고요. 평소에 '하나의 강한 덕질과 하나의 강한 운동은 정신 건강에 이롭다'라는 생각을 해요. 일에서 벗어나기 위해 필요한 일종의 루

나 좋자고 하는 일인데요

틴이기도 하고요. 뮤지컬은… 아마추어들 중에서는 제가 제일 열심히 하는 게 아닐까 싶은데.(웃음) 어느 순간부터는 욕심이 생겨서 더 진심으로 하게 되더라고요. 공연도 주기적으로 하고, 연습도 꾸준히 해요. 사람들이 주짓수는 운동이라 생각하지만, 운동이기 이전에 저에게는 명상이기도 해요. 스파링 하다 보면 아무 생각이 안 나요. 내 앞에 있는 상대를 밀어내야 한다는 데 집중하다 보면 회사 일이나 다른 잡념들은 사라지게 되죠. 2년 정도 했는데, 사실 잘 못해요. 아까 지는 싸움은 안 한다고 했는데 주짓수는 사실 이기는 게 너무 힘들어요. 하지만 이건 제가 잘할 필요까지는 없는 영역이잖아요. 그렇게 생각하니까 즐기게 되더라고요. 잘 못하는데 이렇게까지 즐기는 경험은 처음인 것 같아요. 성장이 있었던 거죠.

사업개발이라는 직무에 대해 조금 더 이야기해 보고 싶어요. 사실 취준생들이 일반적으로 곧잘 생각하는 직무는 아닌 것 같아요. 이런 일이 있다는 걸 모르는 사람들도 많고요. 사업개발이란 어떤 직무인가요? 현직자가 직접 설명해 주면

이해가 쉬울 것 같아요.

사업개발이란 단어를 띄워 놓고 보면 사업을 개발한다는 말이잖아요. 개발을 한다는 건 어떤 변화를 준다는 거고, 변화를 준다는 건 새로운 도전을 뜻한다고 생각해요. 기존에 하던 걸 더 잘하는 건 도전이 아니잖아요. 그러니까 그건 변화나 개발이 아니죠. 예를 들어 우리가 광고 사업을 하고 있는데 매출이 몇 억 나왔다고 쳐요. 그걸 10% 정도 더 올리기 위해서 하는 건 사업개발이 아니라고 생각해요. 원래 하고 있던 일에 새로운 개념이나 가치를 부여해서 비즈니스를 만들어 내거나, 기존 사업과 관련이 없지만 새로운 비즈니스 영역을 찾아내서 회사의 새 먹거리를 찾아내는 일. 저는 이게 사업개발이라는 일의 정의라고 생각해요.

어떻게 보면 회사의 미래를 고민하는 역할이네요.

그렇죠. 흔히들 비즈니스의 방향성을 잡는 역할이라고 말해요. '우리의 다음은 무엇인가?'에 대해서 끊임없이 답해야 하고요. 지금 시장은 어떤 트렌드로 흘러가고 있는지, 경쟁사는 뭘 하고 있는지, 우리의 장점과 단점은 무엇이고 이것들을 조합해서 지금 뭘 해야 적은 리스크로 성공을 거둘 수 있는지 계속 연구하고 실행하죠. 이런 해답을 찾는 일이 너무 재미있어요. 누군가가 제게 '자, 지금 경쟁사가 우리를 이렇게 추격하고 있어. 그러면 우리는 뭘 해야 해?'라고 질문한다면, 그 해답을 찾아 나가는 과정이 제게 살아 있다는 느낌을 줄 만큼 즐겁고 재미있어요. 조금 과장해서 말하면 별로 일처럼 느껴지지도 않아요. 재미있는 게임이나 숙제를 하는 기분이랄까요.

아까 불안을 해소하기 위해서 모든 것을 대비한다고 했는데, 어쩌면 그런 성향

나 좋자고 하는 일인데요

이 사업개발하고도 맞을 수 있겠네요.

그렇게는 생각 안 해 봤는데, 하지만 맞는 말이에요. 만약에 누군가가 제게 '이 사업을 잘 표현할 수 있는 창의적이고 번뜩이는 카피를 써 봐!'라고 했다면 엄청 스트레스 받을 것 같아요.(웃음) 제가 하는 건 자료를 찾고, 조사하고, 그렇게 얻어 낸 자료들을 토대로 새로운 방향을 예측하고 위기에 대비해서 회사를 성공으로 이끄는 일이니까요.

사업개발을 하려면 어떤 사람들이 오는 게 좋을까요?

기본적으로 멀티태스킹이 잘 돼야 하는 것 같아요. 동시에 여러 가지를 볼 수 있어야 해요. 이 비즈니스가 고객에게 어떻게 전달될지도 고민해야 하고, 경쟁사도 견제하면서 내부 리스크도 고민해야 하고…. 어떻게 보면 종합적으로 사고하는 동시에 많은 실행을 해야 하는 일이죠. 커뮤니케이션 역량도 중요해요. 이건 대부분의 직장인에게 해당되는 일이겠지만, 사업개발도 굉장히 많은 유관 부서와 연결돼 있거든요. 내향적이거나 커뮤니케이션하는 걸 어려워한다면 이 직무는 맞지 않을 수도 있겠죠. 또 숫자 감각도 있어야 해요. 사업이라는 건 감이 아니라 정확한 데이터와 자료들을 바탕으로 종합적인 결론을 내려야 하는데, 숫자 감각이 없으면 오류 속에서 선택을 내릴 수도 있으니까요. 기본적으로 뭔가 새로운 걸 만들기 위해서 있는 것들을 조합하기를 좋아하는 사람들, 그리고 자신만의 사업을 해 보고 싶은 사람들이 온다면 적성에 맞게 일할 수 있을 겁니다.

사업개발 쪽 사람들은 회사 밖에서도 항상 돈을 벌 궁리를 하는 것 같아요. 나쁜 의미에서가 아니라, 그게 습관이 밴 사람들 같달까요.

그게 제일 재미있는 걸요. 어쩌면 비슷한 사람들이 모여 있는 거겠죠. 제 주변에도 그런 사람들 많아요.(웃음)

오늘 인터뷰하면서 받은 작은 충격이 있다면, 누구보다 성실해 보이는 직장인이 사실은 누구보다 직장을 벗어나고 싶어 하는 사람이었다는 점인 것 같아요. 남들이 다니고 싶어 하는 회사에 다니면서도, 그건 그저 새로운 미래를 위한 하나의 단계로 여기고 있는 모습이 인상적이었어요.

다들 이기적으로 살았으면 좋겠어요. 나쁜 의미가 아니라요. 성장하기 위해서, 새로운 걸 얻어 내기 위해서 약간 이기적으로 회사를 다닌다면 오히려 능동적으로 회사를 대할 수 있게 되는 것 같아요. 회사가 우리한테 받는 만큼 우리도 회사로부터 받아야죠. 그게 오직 돈만은 아닌 것 같아요. 돈이 아닌 다른 것들을 회사로부터 어떻게 더 많이 얻어 낼 수 있는가, 회사와 나의 관계를 어떻게 하면 최대한 대등하게 만들 수 있는가, 고민하는 것에서부터 건강한 직장 생활이 시작되는 게 아닐까 생각해요.

요즘 MZ 세대는 일 열심히 안 한다는 편견이 많은데, 왠지 자현 님 인터뷰를 보면 많은 사람이 좀 다르게 생각하지 않을까 싶어요.

일 열심히 하죠. 누구보다 열심히 해요. 다만 기성세대와는 다른 목적으로 열심히 하는 것 같아요. 우린 회사에 충성 안 하고요, 나를 위해서 열심히 일할 뿐이니까요. 그렇게라도 열심히 일하면, 회사도 좋아하지 않을까요? 그게 지금 시대의 충성일지도 모르고요.

나 좋자고 하는 일인데요

송수아

———— interviewee ————

비바리퍼블리카
(토스)
콘텐츠 매니저

경력
8년 차

뉴스레터 서비스인 뉴닉의 초창기에 합류해 성장을 함께했다. 뉴닉에서 발행
된 수많은 뉴스레터와 다양한 프로젝트들이 그녀의 손을 거쳐 탄생했고, 뉴닉
이 한국에서 가장 큰 뉴스레터가 되고 난 뒤에 홀연히 떠나 핀테크 금융 기업
인 비바리퍼블리카에 콘텐츠 매니저로 합류했다. 퇴근 이후에는 사이드 프로
젝트인 '문어사'를 통해 크고 작은 책들을 발행하고 있으며, 목공과 테니스를
취미로 삼고 있다.

"잘하는 일과 좋아하는 일을
양손에 쥐고, 오늘을 사는 거죠."

국어국문학과를 '굶는과'라고 말하는 어른들이 있었다. 지금이야 모두가 취업난에 허덕이며 평등하게 굶고 있지만, 한때는 글을 써서 먹고 사는 사람들에게 더 가혹했던 시절이 있었다. 학생들이 문과 선택을 기피하게 된 데에는 어른들의 이런 인식이 강하게 작용했으리라.

그래서인지 글로 밥을 벌어먹겠다고 하는 것은 일종의 금기같이 여겨지기도 했다. 어른들에게 있어 글 쓰는 직업은 아무리 풍부한 상상력을 동원해도 소설가가 되는 일 그 이상 그 이하도 아니었으며, 대부분의 부모들은 자신의 자녀가 소설가가 된다는 사실을 쉽게 납득하지 못했다. 베르나르 베르베르, 김훈, 박경리 같은 작가가 될 가능성이 있다 하더라도 그보다는 변호사, 교사, 그리고 판검사를 원했을 테니까.

내 경우에도 크게 다르지 않았다. 어려서부터 글을 곧잘 썼던 탓에 유명한 작가가 되겠다는 말을 부모님에게 뱉었던 적이 있다. 문학이 좋아서, 언어를 배우는 게 좋아서 문과를 가고 싶어 하는 아들을 뒀음에도 글쓰기를 직업으로 삼는 모습은 쉬이 상상하지 못했던 것 같다. 어려서부터 눈치가 빨랐던 나는 '그럼 영문학과나 중문학과를 가서 국제 변호사 할

게요!'라는 말로 문과 진학의 꿈을 에둘러 말했고, 미국과 중국 그리고 국제라는 단어가 곁들여진 법조인을 꿈꾸겠다는 아들의 말에 부모님은 이내 흡족해했다.

장래 희망을 적는 칸에 줄곧 변호사를 적었던 그 아들은 어느덧 나이를 먹어 사회생활을 하게 됐고, 이제는 어른들이 그토록 만류하던 '글'로 밥을 벌어먹고 살고 있다. 정확히 글만 쓰는 것은 아니지만, 어쨌든 콘텐츠라는 미명 아래에 회사로부터 월급을 받고 내 앞가림을 하고 있다. 베르나르 베르베르가 돼 베스트셀러를 낸 것도 아닌 내가 어떻게 돈을 벌고 있는 걸까? 내 삶이 누군가에게 귀감이 되는 것은 아니지만, 앞가림은 제법 잘하고 있다는 생각이 들 때쯤 또 다른 사례가 궁금해졌다.

송수아는 도시 문화를 기획하는 회사와 책을 기획하는 회사를 거쳐 뉴닉에 입사했고, 지금은 토스에서 일하고 있다. 앞에 있는 직장들은 글쓰기를 좋아하는 사람이 다닐 법한 곳인데 갑자기 토스라니. 글 쓰는 사람이 금융 회사에서 할 일이 무엇이 있을까? 만약 우리가 부모님에게 '저 글로 먹고 살 건데, 기업 가치 수조 원 되는 금융 기업에서 일할 거예요'라고 말했다면 적어도 반대당할 일은 없지 않았을까? 글을 좋아하는 사람이 책을 쓰는 일과 기사를 쓰는 일이 아닌 다른 일로 돈을 벌고 있다는 사실이 알려지면 기뻐할 사람들이 많을 거라 생각했다. 그래서 무작정, 그녀를 찾아가 인터뷰를 요청했다. 글과 책을 좋아하는 이 땅의 많은 문학 소년·소녀에게 전할 말이 분명 있으리라.

저와 거의 같은 일을 하는 사람을 인터뷰하는 것은 처음이라 뭔가 설레면서도 기대가 됩니다.

그런가요? 글 쓰는 일을 직업으로 하는 사람들은 주변에 많지만 IT 기업에서 글을 쓰고 콘텐츠를 기획하는 일 하는 사람을 찾기란 쉽지 않은 것 같아요.

보통 회사에서 글을 쓴다고 하면 '콘텐츠 에디터'라는 직함을 쓰는데, 토스는 굳이 '콘텐츠 매니저'라는 이름을 쓰잖아요. 이유가 있나요?

이곳에서는 콘텐츠 에디터를 글만 쓰는 사람이라고 생각하지 않거든요. 다양한 일을 합니다. 에디터라고 하면 글을 쓰고 편집하는 사람이라는 느낌이 있잖아요. 제가 하는 일들은 그 선에서 멈춰 있지 않아요. 시작은 에디터로 했지만, 매니저로 성장해 나가는 단계에 있다고 생각해요.

토스에서는 주로 어떤 일들을 하고 있어요?

'오늘의 머니팁'이라는 서비스의 콘텐츠 운영을 담당하고 있어요. 매일 필요한 금융 정보를 정리해서 알려 주는 서비스인데, 토스 앱에서 구독을 눌러 두면 때에 맞춰 정보를 전달해 주는 방식이에요. 사람마다 생애 주기에 따라 필요한 금융 정보가 다르잖아요? 투자에 관심이 있더라도 주제가 다를 수도 있고요. 청년과 노인, 직장인과 자영업자 모두 필요한 금융 정보가 다르죠. 저는 오늘의 머니팁에 들어가는 다양한 주제에 맞춰 금융 팁을 쓰고 정리하는 역할을 맡고 있어요. 여기까지만 보면 글만 쓰는 에디터라고 생각할 수 있는데, 저는 여기에 조금 더해서 서비스적인 업무들을 함께 하고 있어요. 사람들이 우리 콘텐츠를 더 많이 보고 우리 앱에 더 자주 들어오게 하려면 어떤 걸 해야 할지 등을 같이 고민해요. 사람들은 좋은 콘텐츠를 보면 앱에 더 많이 들어오고 남게 되거든요. 그러면 그 콘텐츠를 어디서 보여 줄까, 어떻게 흥미를 갖게 할까, 들어와서 어떤 행동들을 더 하게 만들까, 콘텐츠적으로 같이 고민하는 일이라고 생각하면 편해요. 이런 역할은 뉴닉 때도 경험했지만, 토스에 와서 더 본격적으로 하고 있고요. 이 일을 같이하면서 비로소 콘텐츠를 다루는 시야가 더 넓어졌다고 생각해요. 단순히 쓰는 역할에서 벗어난 거니까요.

글을 쓸 때는 주로 어떤 내용들을 다루는지 궁금해요.

금융이란 게 사실 어렵잖아요. 쉽게 알려 주는 사람도 없고, 아무리 쉽게 알려 줘도 어렵고, 그러다 보니 금융과 관련된 행동을 할 때 주저하게 되죠. 대출도 그렇고, 투자도 그렇고요. 하지만 금융은 아무리 어려워도 우리 삶에 반드시 필요한데, 어려워서 혜택을 못 누리는 사람들이 있다면 그건 삶에 손해가 있는 거잖아요? 적어도 '몰라서 손해를 봤다'라고 말하는 사람들을 위해서 필요한 때에 필요한 정보를 쉽게 알려 줄 수

있다면 좋지 않을까 하는 생각으로 다양한 글을 쓰고 있어요. 금융과 관련된 뉴스들도 보내 주면서 그 뉴스에 대한 해설을 쉽게 써 주죠. 일반적인 신문 기사에서는 당연히 알고 있을 거라고 생각하며 넘어가는 용어들도 쉽게 풀어 써요. 또 대출 금리가 높을 땐 어떻게 하면 비싼 이자를 내지 않고 돈을 빌릴 수 있는지 자연스럽게 궁금해지기 마련이니, 그런 갈증을 풀어 주는 글을 쓰기도 해요. 어디서 대출을 알아보는 게 가장 저렴한지, 어떻게 받는 게 가장 편한 방법인지 등을 알려 주죠. 다른 곳에서도 많이 하고 있는 일들이라고 생각할 수 있지만, 토스처럼 한곳에서 편하게 모아 볼 수 있고 필요한 순간에 맞춰 고객에게 푸시까지 보내 주는 곳은 없다고 생각해요.

토스에서 다루는 금융 콘텐츠들은 뭔가 좀 다르다고 느낄 때가 많아요. 이런 콘텐츠들의 개성은 어디서 나오는 걸까요?

더 읽기 편하고 쉬운 건 너무 당연한 이야기지만, 이런 가치를 꾸준히 지키는 회사는 없다고 생각해요. 아마 그게 가장 첫 번째 이유일 것 같고요. 두 번째는 금융과 일상을 잇는 시야가 있기 때문이라고 생각해요. 돈 없이 우리의 삶을 설명할 수는 없거든요. 그런데 기존의 콘텐츠들은 대부분 '돈' 이야기만 해요. 일상은 없고요. 토스는 금융과 일상을 떼어 놓고 이야기하지 않기 때문에 개성이 생긴다고 생각해요. '사소한 질문들' '미식경제학' 같은 시리즈들도 모두 일상과 금융이 이어지는 지점에서부터 생겨난 콘텐츠들이고요. 공공 임대 주택이라든지, 경제 상황에 맞춰 받을 수 있는 지원금이라든지, 우리 아이에게 금융 습관을 들이기 위한 고민이라든지, 이런 것들을 한곳에서 알려 주는 서비스는 없다고 생각해요. 그런 유용성이 토스 콘텐츠는 특별하다고 느끼게 만드는 게 아닐까 싶어요.

콘텐츠를 다루다 보면 꼭 한 가지 주제에 대해서만 글을 쓰는 건 아니잖아요. 금융과 더불어서 다루고 있는 주제들도 궁금합니다.

다루는 주제만 보면 되게 다양해요. 새로운 서비스가 나오면 홍보 글을 쓰기도 하고, 더 좋은 동료를 찾기 위한 채용과 관련된 글을 쓰기도 하고요. 보통 새로운 서비스가 나오면 제품을 어떻게 만들지는 계획이 잘 돼 있는 편인데, 이걸 홍보하고 사람들에게 소개하는 것까지는 처음부터 기획돼 있지 않을 때도 있어요. 그래서 서비스를 다 만들고 나면 그 서비스를 누구에게 홍보하고 설명할지 고민하는 과정이 필요해요. 그때 제 손이 필요하죠. 채용도 마찬가지예요. 요즘은 사람들이 회사를 고를 때 그 회사 사람들의 이야기에 관심을 갖잖아요. 우리 회사에 들어오고 싶어 하는 잠재적 인재들에게 홍보하는 글을 쓰기도 하죠. 직원을 인터뷰하기도 하고, 회사 문화에 대한 글을 쓰기도 하고요. 고객이나 외부 사람들을 상대로 행사를 할 때 홍보 문구를 쓰거나 수정하기도 해요. 회사가 필요로 하는 글들은 다 쓰고 도와준다고 보시면 될 것 같아요.

콘텐츠라는 직함이 달려 있지만, 굉장히 넓은 범위를 커버하는 것 같아요.

맞아요. 그래서 에디터가 아닌 콘텐츠 매니저라는 이름을 쓰고 싶었던 거고요.

지금은 매니저지만, 우리 모두 한때는 에디터였잖아요. 수아 님은 콘텐츠 에디터가 되는 게 원래 꿈이었나요?

아뇨, 그럴리가요. 처음에 제 꿈은 PD였어요. 대학교를 5학년까지 다니면서 PD가 되기를 꿈꿨는데 잘 안 됐죠. 하고 싶은 건 멀어졌고, 돈은 벌어야겠고, 졸업도 해야겠고, 조금 막막하던 때에 우연히 문화인류학과 수업을 듣게 됐어요. 수업 이름이 '빈곤의 인류학'이었는데, 그 수업에서 도시에 대한 이야기를 듣게 됐죠. 도시에는 왜 빈곤이 생기는가, 이를 해결하려면 무엇을 해야 하는가…. 이런 것들을 배웠는데 너무 재미있더라고요. 더 파고 싶다는 생각을 했죠. 그러던 중 한 후배가 '언니, 도시 문화 기획을 업으로 하는 회사도 있던데요?'라고 하는 거예요. 관심 있으면 지원해서 들어가 보라고. 재미있어 보이더라고요. 그래서 면접을 봤는데, 그 자리에서 합격을 해 버렸어요.

면접 보는 중에 합격한 거예요?

그래서 속으로 '이거 사기 아냐?' 이런 생각도 했죠. 왜냐하면 경력도 이뤄 둔 것도 아무것도 없었거든요. 인턴십도 없고, 대외 활동도 거의 없고, 나는 기획자가 될 준비가 하나도 안 됐는데 그 자리에서 뽑겠다고 하니 얼마나 당황스러웠겠어요.

심지어 그때는 에디터도 아니었던 거네요.

네, 맞아요. 저는 '기획자'라는 직무로 첫 회사 생활을 시작했어요. 행사나 공간 기획을 할 거라고 기대했죠. 실제로 저랑 같은 직무에 있는 사람들이 글만 쓰지는 않았고요. 그런데 막상 입사하고서는 그런 일들을 생각보다 많이 하지는 못했어요. 지금이야 그 회사가 투자도 받고 큰 회사가 됐지만, 그때만 해도 작은 회사였거든요. 그러다 보니까 크고 작은 일들을 가리지 않고 받았던 것 같아요. 그중에서 제일 많이 맡았던 일이 책자 만드는 일이었어요.

책자요?

왜, 동네 관광 명소나 문화재 같은 데 가면 구청이나 시청에서 배포하는 책자들이 있잖아요. 그런 걸 만드는 회사가 어딜까 했는데, 방금 붙은 회사더라고요?(웃음) 도시와 관련된 내용의 책자니까 회사에서 일을 받았던 거죠. 책자 만드는 일을 받아 왔는데, 내부에 할 사람이 없네? 너 포트폴리오로 과제 글 제출했었지? 그럼 해 보자! 이렇게 된 거죠. 네, 그렇게 에디터가 됐습니다. 그때가 시작이었어요.

그때 에디터가 됐다는 자각은 있었나요?

아뇨, 저는 그때 이 일을 직업으로 생각하지 않았던 것 같아요. 당장 졸업을 해야 하고 돈도 벌어야 하니 알바처럼 일을 시작했던 것 같아요. 방송국 시험이 1년에 몇 번 없어요. 마냥 가만히 있을 순 없거든요. 잘 안될 때를 대비해서 뭔가 계획도 있어야 하는데 그런 것도 없었고요. '알바를 해도 좀 재미있는 걸 하고 싶은데'라는 생각을 하던 중에 우연히 발견한 일이었으니, 당연히 직업이라는 생각은 전혀 해 본 적이 없었죠.

결국 지금도 글 쓰는 일을 하고 있는 걸 보면, 그때 이 직업에 대해 뭔가 번뜩이는 순간이 있었을 것 같아요.

아까도 말했지만, 저는 기획자가 되기 위한 그 어떤 경력도 경험도 없었거든요. 막상 회사에 들어가 보니 도시 문화를 기획하기 위해서는 다양한 능력이 필요하더라고요. 디자인도 필요하고, 건축도 필요하고, 영상도 필요하고…. 그런데 저는 그런 것들은 하나도 할 줄 모르니 쓸 수 있는 무기가 얼마 없었어요. 기획자가 입만 살아서는 안 되니까, 뭔가 보여 줘야 하잖아요. 그 뭔가를 글로 생각했던 것 같아요. 1년 동안 여기저기 다니면서 행사에 필요한 글 쓰고, 외주 들어오면 책 만들고, 또 글 필요 하면 다시 쓰기를 반복했는데 그 과정이 돌이켜 보면 나쁘지 않았던 것 같아요. 재미있기도 했고, 무엇보다 '아, 이거 내가 잘할 수 있는 일인 것 같다'라는 생각이 들었거든요. 물론 그때도 제가 미래 계획을 세우면서 일했던 건 아니라 여전히 직업이라는 생각은 없었고요.

에디터라는 직업을 여러 번 부정하셨네요.

그때는 하루하루를 버텨 내는 게 중요했으니까요. 일단은 먹고 살 수 있는 걸 하자. 이게 평생 직업일지는 모르지만, 지금은 어쨌든 돈은 벌어다 주니까! 돈을 벌면서 생긴 여유와 시간으로 내가 하고 싶은 게 뭔지 찾자는 생각을 했죠.

원했던 일도 아니었고, 계속할 거라고 생각한 일도 아니었는데 꾸준히 할 수 있었던 원동력은 무엇이었나요?

두 가지 정도가 있어요. 하나는 제가 이야기를 좋아하는 사람이라는 걸 알았어요. 도시 이야기가 재미있었다고 했잖아요. 사실 사람들이 동네 이름은 잘 알지만, 그 동네에 숨겨진 이야기나 역사는 모르는 경우가 많아요. 그런 이야기들을 발굴하고 공부하는 게 너무 재미있더라고요. 만약 제가 사용할 수 있는 도구가 글이 아닌 영상이나 다른 것이었다면 에디터가 되지 않았을 것 같아요. 제가 좋아하는 건 도시와 이야기였고, 글은 그저 수단이었던 거죠. 그 당시에 제가 좋아하는 걸 가장 잘 표현할 수 있는. 또 다른 하나, 결과물이 나오는 게 좋았어요. 책자를 만들든, 프로젝트를 하든 눈에 보이고 손에 만져지는 결과물이 남거든요. 내가 어떤 일을 열심히 했는데, 그 일이 그냥 결과물 없이 한 줄의 기록으로만 남아 있다면 금방 질렸을 것 같아요. 프로젝트를 오래 했더니 '이거 내가 했어! 내가 만들었어!'라고 말할 수 있는 물건이 손에 쥐어지는데, 그게 좋았어요. 제 생각에 글이나 책은 다른 매체에 비해서 결과물이 금방 나오더라고요. 건축이나 영상은 품도 많이 들고 결과를 보는 시간도 오래 걸리는데, 책은 상대적으로 덜 걸리더라고요.

이야기를 좋아한다는 말, 공감 가요. 저는 그 이야기를 발굴하는 과정이 내가 쓰려는 주제에 더 몰입하게 만든다고 생각해요.

맞아요. 예를 들면 이런 거예요. 제가 지하철 6호선 새절역 근처에 살았던 적이 있어요. 이사 오자마자 왜 역 이름이 새절인지 너무 궁금한 거예요. 찾아보니 '새로운 절'이래요. 그러고 보니 이 동네 이름이 '신사동'이네? 신사의 뜻을 보니까 새로울 신에 사찰 절이에요. 아, 신사역은 이미 있으니까 하나는 순우리말로 한 거구나. 뉴 템플!

이야기를 좋아하는 태도는 언제부터 있었던 것 같아요?

잘 모르겠어요. 하지만 어린 시절부터 갖고 있었던 것 같긴 해요. 학창 시절에 과외 선생님이 맨날 '너는 글로 돈 벌어먹고 살 것 같다'라고 말했거든요. 그때는 그 말이 무슨 말인지 몰랐는데, 지금 생각해 보니 선생님도 제가 그런 이야기에 관심이 많다는 걸 알았던 것 같아요. 주제 하나가 나오면 그 뒤로 이야기를 끊임없이 풀어낼 수 있으니까. 지금도 종종 부모님 집에 내려가면 하루 종일 이야기만 해요. 엄마가 듣든 말든 상관없어.(웃음) 지난주에는 무슨 일이 있었고, 누구랑은 어떤 일이 있었고, 요즘은 뭐가 관심 있고….

나 좋자고 하는 일인데요

책도 많이 읽었을 것 같아요.

엄청요. 친구들이 그랬어요. 학교 도서관에 있는 책은 쟤가 다 읽는다고.
수업 안 듣고 책 읽었던 적도 많아요. 세상에 있는 이야기라면 다 관심
갖고 알고 싶어 했던 것 같아요. 집에도 책이 많았어요. 엄마가 책을 엄
청 많이 사다 두셨는데, 그 때문인지 초등학교에 들어가기 전부터 책을
읽는 게 습관이 돼 있었어요. 인생에서 그게 제일 재미있었던 것 같아요.
책을 읽고, 이야기를 탐닉하고, 또 그걸로 누군가와 이야기하는 과정이
모두.

이야기를 좋아하는 태도가 PD를 꿈꾸게 한 걸까요?

그랬을 것 같아요. 저는 PD 중에서도 드라마 PD가 되고 싶었거든요. 드라마는 시시콜콜한 이야기들의 연속이잖아요. 어려서부터 그런 소소한 이야기들이 좋았어요. 영화는 같은 영상물이지만 너무 거대하고 계획적이라고 해야 하나, 그래서 눈이 잘 안 갔던 것 같고요. 그리고 결정적으로, 사실 말하기 조금 부끄러운데 제가 드라마 PD라는 꿈을 갖게 된 데에는 어떤 드라마의 공이 컸어요.

혹시 〈그들이 사는 세상〉?

맞아요. 아마 드라마 PD 하고 싶다는 친구들 100명 중에 90명은 이 드라마 때문이라고 할 거예요. 저도 피해 가지 못했고, 그 드라마를 보면서 '아, 나도 저런 이야기를 쓰는 사람이 돼야지'라고 생각했죠.

뭐 어때요? 저는 전혀 부끄러운 일이 아니라고 생각해요. 꿈이란 건 그렇게 로망을 좇아야 할 때가 있으니까요. 옛날에 〈하얀 거탑〉이라는 드라마가 유행할 때는 의사가 유행이었고, 검사나 변호사가 유행일 때도 있었으니까.

이해해 주시니 좋네요.(웃음) 드라마 끝나고 나면 카메라가 현장을 촤르륵- 하고 보여 주잖아요. 많은 사람이 한곳에 모여서 뭔가를 만든다는 게 멋있어 보이더라고요. 주인공도 현빈이랑 송혜교니까 괜히 더 멋있어 보이고 막.

드라마 PD가 되기 위해서 준비한 것들은 어떤 게 있었어요?

아, 이 말을 할까 말까 고민이 되는데… 해도 되겠죠? 꾸며 내는 건 안 되는 거니까.

그럼요, 솔직하게.

준비한 게 거의 없었어요. 고등학교 때부터 꿈은 PD라고 했지만 사실상 마음속으로 결심만 했지, PD가 되기 위해서 구체적으로 계획을 세우고 뭔가를 열심히 한 건 거의 없었던 것 같아요. 굳이 의도한 게 있다면 전공으로 정치외교학과를 선택한 것? 드라마 PD가 안 되면 시사 PD를 하고 싶었거든요. 그러면 정치외교학과에서 배운 지식이 도움이 될까 싶었던 거죠. 나머지 준비는 아무것도 안 했어요. 돌이켜 보면 언론고시 준비도 제대로 안 했던 것 같아요. 그러니까 안 됐지. '난 PD를 하기로 결정했고, 과정은 어떻게든 될 것이다'라고 막연하게 생각했죠.

정말 꾸며 내지 않은 이야기처럼 들리는데요.

그래서 고민했던 거예요. 이 인터뷰를 읽는 사람들이 실망하면 어쩌지. 그렇지만 사실이에요. 막연하게 생각만 하고 있으면 안 된다는 걸 그때 알았던 것 같고요. 물론 지금도 계획은 없어요. 제가 삶의 어떤 거창한 계획이 있어서 뉴닉에 가고 토스에 갔던 건 아니거든요. 흐르는 대로 흐르다 보니 머무르게 된 거지. 그래서 지금도 굳이 계획을 세우지 않으려고 해요. 대신 매 순간에 내가 할 수 있는 일을 잘하자는 마음은 있죠.

공감요. 어쩌면 우리의 삶은 우연한 선택들이 만들어 낸 우연한 결과에 의미를 부여하는 과정이라고 생각할 때가 있거든요.

송수아

완전 동의해요. 결과까지 완벽한 결정이라는 건 이 세상에 없으니까.

뉴닉에 합류하기 전에 또 방황을 했어요. 퇴사를 하고 쉬면서 다시 PD 준비를 했다고요.

첫 회사에서 이직을 한 번 했어요. 새로 이직한 회사는 책을 만드는 곳이었는데, 곧잘 다니다가 갑자기 퇴사를 해야겠다는 생각이 들었어요. 8개월을 내리 쉬었는데, 그때 다시 PD를 준비했죠. 미련이 계속 남았던 것 같아요. 하지만 준비하면서도 돈은 벌어야 하니까 프리랜서로 외주도 조금 했고요. 서류 합격을 몇 번 해서 면접도 봤어요. 그런데 결국 잘 안 됐죠. 돈도 뚝 떨어졌고요.

다시 돈을 벌어다 줄 적당한 직업이 필요해졌겠네요.

맞아요. 이번에도 직업으로 하려고 한 건 아녔어요. 적당히 돈을 벌 수 있는 일을 찾아야겠다고 마음을 먹었는데, 제가 인맥이 넓은 것도 아니고 그렇다고 지금 세상이 제가 원하는 직업을 제가 원하는 시간만큼만 시켜 주는 곳도 아니니 막막하긴 했죠.

그런 막막함 속에서 선택한 게 뉴닉이었던 건가요?

선택했다는 표현은 조금 맞지 않아요. 이 과정도 재미있는데, 인스타그램을 하다가 채용 공고를 봤어요. 그것도 광고로 본 게 아니고, 해시태그로 '에디터채용'을 검색해 봤죠. 어디 글 쓰는 사람 필요한 곳 없나, 하면서요. 그런데 이름도 못 들어 본 회사가 뜨더라고요. '뉴닉? 이건 뭐지? 귀여워 보이는데' 하고 들어갔는데 이미 채용이 끝난 거예요. 무슨 일을 하는 곳인지 둘러보는데, 보면 볼수록 채용 끝난 게 너무 아쉬웠어요. 뉴스레터 구독도 했죠. 며칠 동안 뉴스레터를 받아보는데 메일 내용도 좋고 재미있더라고요. 이대로 보내는 건 너무 아쉽다는 생각이 들어서 바로 이메일을 보냈어요. 나는 어디 사는 누구고, 이런 일을 하고, 너네 에디터 채용 끝난 건 알지만 일 같이하고 싶은데 구구절절…. 그런데 뉴닉에서 연락이 왔고, 두 번 정도 미팅을 했고, 갑자기 정직원이 됐어요.

그렇게 갑자기 들어간 회사치고는 인생에서 가장 중요한 터닝 포인트가 됐어요. 뉴닉에서의 생활은 어땠어요?

즐거웠죠. 정말 재미있었어요. 마치 제가 드라마 속 주인공이 된 것처럼 일했어요. 처음 시작은 5명이었는데, 나중에는 멋진 회사로 성장했으니까요. 그 과정이 너무 즐거웠죠. 그리고 매일 결과물이 있는 것도 좋았어요. 내가 오늘 쓴 글이 내일 사람들의 메일함으로 들어가고, 사람들에게 영향을 주고, 구독자가 늘어나고, 그 사람들의 반응이 오고. 그동안 글을 쓰는 과정이 다소 정적이었다면, 뉴닉에서 글을 쓰는 과정은 동적이었어요. 요약하자면 눈에 보이는 성과, 즉각적인 피드백, 그리고 으쌰으쌰하는 분위기였던 것 같아요.

성장하는 곳에 있으면 그만큼 성장통도 있고 힘든 순간들도 있었을 것 같아요. 저는 뉴닉의 열렬한 독자지만 동시에 글을 쓰는 사람이다 보니 이 사람들 엄청 고생하고 있겠다는 게 느껴지거든요.

네, 고생하던 바로 그 사람이었고요. 모든 일상이 그렇듯, 즐거웠던 순간만 있지는 않았죠. 뉴닉에 있기 전까지 저는 완결성 있는 글을 쓰도록 강조 받던 사람이었어요. 글에 기승전결이 있고, 문체와 단어까지 모두 신경 쓰는. 그런데 뉴닉은 그렇지 않았죠. 글의 호흡이 짧고, 전달해야 하는 내용에는 분명한 목적이 있었기 때문에 완결성보다는 가독성을 더 신경 써야 했어요. 게다가 초창기에는 '어떤 글이 뉴닉다운 글인가'에 대해서도 정확하게 정립돼 있지 않았어요. 창업자들의 생각 속에만 있었는데, 그걸 세상 밖으로 꺼내서 정리하는 과정이 쉽지는 않았어요.

예컨대 어떤 게 쉽지 않았나요?

제 글에 빨간 펜이 그어지는 기분?(웃음) 아니, 나도 나름 몇 년 동안 글을 써 온 사람인데, 내 글에 이렇게 빨간 펜을 긋고 틀렸다고 한다고? 처음에는 정말 힘들었죠. 이걸로 많이 싸웠던 것 같아요. 문제는 제 글에 빨간 펜을 긋던 대표들의 말이 아주 틀린 말은 아니라는 점이었죠. 뉴닉의 독자들은 누구인가, 그들은 어떤 글을 원하는가, 그들은 어떻게 정보를 습득하는가, 정보를 쉽게 이해시키는 글은 어떤 글인가…. 이런 것들을 고민하면서 같은 내용을 어떻게 쓰는 게 좋을지 치열하게 토론하고 사례를 보면서 하나씩 정립해 나갔어요. 그리고 그 내용을 문서화했죠.

어떤 글에 빨간 펜을 그은 거예요? 저는 상상만 해도 벌써 스트레스 받는 것 같은데.

제가 평소에 한자어를 많이 쓰는 편이에요. 저 한자 2급이거든요.(웃음) 그래서 글을 쓸 때 한자어를 쓰는 것에 대한 거부감이 전혀 없어요. 오히려 어려운 단어는 한자를 보고서 뜻을 유추하는 편인데, 한자를 쓰지 말고 최대한 풀어서 써 달라고 하니 힘들었죠. 국어사전을 펼쳐서 그 단어의 뜻이 뭔지 최대한 풀어서 썼어요. 그런데 이런 과정들을 반복하면서 조금 더 다양한 글을 쓸 수 있게 된 것 같아요. 어려운 글도, 쉬운 글도, 독자의 성향에 따라서 다양한 자아를 꺼낼 수 있는 에디터가 된 거죠. 이제는 뉴닉 같은 글도 쓸 수 있고, 어려운 글도 쓸 수 있습니다.

뉴닉에서 글을 쓰면서 가장 좋았던 게 뭘까요?

피드백을 받는 일이요. 글 쓰는 사람이 피드백을 받는 건 정말 어려운 일이에요. 유명한 소설가나 비평가가 아닌 이상 내 글에 대한 반응을 보기 어렵잖아요. 누가 내 글을 블로그에 비평하는 것도 아니고. 그런데 뉴스레터는 독자들의 반응을 받아 보기가 쉬워요. 또 뉴닉이 유명해지면서 뉴스레터에 대한 반응들을 다양한 루트로 볼 수 있었죠. 꼭 답장이 아니더라도 인스타그램이나 페이스북 같은 SNS를 통해서도 알 수 있었어요. 저도 많은 글을 썼지만, 뉴닉 때만큼 많은 피드백을 받은 적은 없는 것 같아요. 지금도 마찬가지고요. 물론 뉴닉의 뉴스레터를 제가 혼자 다 쓰는 건 아니기 때문에 피드백이 모두 제 것은 아니었지만, 그래도 사람들이 내 결과물에 반응해 준다는 감각을 처음으로 느꼈기 때문에 그 순간을 잊지 못하는 것 같아요. 그 뒤로도 그런 감각들을 갈망하고, 그 갈망을 동력으로 삼아 콘텐츠를 만들고 글을 쓰게 됐고요.

피드백을 받으면서 느낀 게 많았을 것 같아요. 글을 쓰는 사람에게 피드백은 어떤 도움이 되나요?

일단, 어떤 피드백을 남기고 어떤 피드백을 걸러야 하는지를 알았어요. 처음에는 모든 피드백을 흡수하게 돼요. 모든 말을 거르지 않고 듣게 되죠. 이 과정에서 상처도 많이 받고 스트레스도 많이 받았어요. 이 말도 맞고, 저 말도 맞고. 어떤 피드백을 기준으로 따라가야 하는지 혼란스럽기도 했고요. 또 너무 무거운 피드백들은 글을 쓰는 제 자신을 움츠러들

제가 쓴 이야기들을 보고 누군가가
자신의 삶의 태도가 달라졌다는 이야기를 하면…
정말 짜릿하죠.

게 하기도 했어요. 그런데 어느 정도 시간이 지나고 다양한 피드백들을 받다 보니, 기준이 생기더라고요. '이건 일리가 있는 지적이네, 개선해야겠다' '이 피드백은 무의미한 부분도 있는데? 마음에 너무 담아 두지는 말아야겠다' 같은 기준들이요.

수아 님에게 가장 큰 울림을 줬던 피드백은 뭐였을지 궁금해요.

'삶을 대하는 태도가 달라졌다.' 이 피드백은 지금도 잊지 못해요. 글을 쓰면서 항상 생각하는 것 중 하나가 가려져서 보이지 않는 이야기를 전달해야 한다는 건데, 뉴닉에서는 그 관점으로 글을 쓰려고 부단히 노력했어요. 예를 들어 지하철이 파업을 하면 사람들은 현상만 봐요. '아, 지하철 파업하네. 출근길 막히겠네. 짜증 난다.' 언론들도 그런 구도로만 기사를 쓰죠. 그런데 진짜 좋은 글이라면 현상을 전달하는 데에서 끝나면 안 된다고 생각했어요. 현상 뒤에 숨겨져 있는, 현상을 현상으로 바라보지 않고 맥락을 같이 이해할 수 있도록 가려진 이야기들을 써야 한다고요. '시야가 넓어진다' 같은 말은 이런 이야기들을 알았을 때 할 수 있는 말이거든요. 시야가 넓어지면 현상이 다르게 보이고, 현상이 다르게 보이면 결국 삶을 대하는 태도가 달라지죠. 지하철 파업을 단순히 파업으로만 바라보지 않고, 이런 일들이 왜 벌어지는지 이해하고 그 속에서 내가 기여할 수 있는 것들을 생각하게 되니까요. 그래서 제가 쓴 가려진 이야기들을 보고 누군가가 자신의 삶의 태도가 달라졌다는 이야기를 하면… 정말 짜릿하죠.

수아 님이 있는 동안 뉴닉은 엄청 큰 미디어가 됐죠. 사람들은 흔히 성장하는 곳에 있으라고 말하지만, 우리가 가는 곳이 성장하는 곳인지 판단하기는 어려운 것 같아요.

뉴닉이 그렇게 성장할 거라고 예상하고 들어간 건 아니에요. 오히려 내가 뭘 할 수 있는지, 내가 할 수 있는 일을 그곳에서 잘할 수 있는지를 생각하면서 회사를 골랐어요. 뉴닉 전에도 그랬고요. 뉴닉은 제가 처음 들어갔을 때는 5명이 전부인 회사였어요. 만약 제가 엄청난 성공을 바랐다면 뉴닉을 고르진 않았을 거예요. 반대로 뉴닉이 그렇게 성장할 회사라는 걸 미리 알고 들어갔다고 말한다면 그것도 거짓말일 거예요. 성장하는 회사를 찾아 고르는 일은 정말 어려운 일이지만, 내가 잘하는 일을 더 잘 할 수 있게 만드는 회사인지를 판단하는 게 훨씬 더 중요한 일이라고 생각해요. 만약 그런 회사가 아니라면, 분명 회사도 성장하지 못할 겁니다. 스스로 무엇을 잘하는지 모르는 사람을 채용한 회사인 거잖아요? 그리고 회사의 성장보다 더 중요한 건 내 성장인 것 같아요. 회사의 명성보다는 내가 좋아하는 일, 내가 잘하는 일을 할 수 있게 해 주는 회사인지 볼 수 있다면 성장은 자연스레 따라오니까요.

사람들이 흔히 '좋아하는 일'과 '잘하는 일' 중 무엇을 해야 하는지 묻습니다. 어떤 걸 선택하는 게 좋을까요?

둘 다 아닌 직업만 아니면 괜찮아요. 토스에 와서 깨달은 게 있어요. 좋아하는 일과 잘하는 일은 완전히 다를 수 있다는 것. 그런데 우리 사회는 좋아하는 일을 잘해야 하거나, 좋아하는 일을 찾지 못하면 실패한 것 같은 강박이 있는 것 같아요. 좋아하는 일을 평생 해야 한다는 강박으로부터만 벗어나도 인생이 좀 편해져요. 제가 좋아하는 일은 사이드 프로젝트로 책 만드는 일이에요. 그런데 그 일은 일찌감치 돈이 안 된다는 걸 깨달았어요. 물론 책 만들어서 돈을 잘 벌 수도 있겠지만, 제 경우에는 지금까지는 아니었던 거죠. 좋아하는 일로는 돈을 못 버는 걸 알았으니, 그럼 내가 잘하는 게 뭔지 찾아다니는 여정이 제 커리어였어요. 저는 다행스럽게도 잘하는 일을 찾았고, 그래서 잘하는 일과 좋아하는 일을 분리할 수 있게 됐어요.

'잘하는 일로 직업을 해결하고, 좋아하는 일로 자아를 실현한다.' 이렇게 볼 수 있을까요?

네, 거의 비슷해요. 이렇게 말하면 되게 정 없어 보이는데 사실 그렇지도 않아요. 잘하는 일을 발견하는 것도 힘든 과정이고, 잘하는 일을 더 잘하게 되는 과정에서도 의미는 충분히 찾을 수 있어요. 예를 들어 동료들과 함께 일하는 과정에서 기쁨을 얻는다든지, 내가 하는 일이 누군가의 삶을 바꾸고 더 나아지게 하는 데 보탬이 된다든지, 돈을 잘 번다든지! 저는 오히려 좋아하는 일을 직업으로 가져야 한다는 강박 때문에 더 불안하고 힘들어지는 경우를 많이 봤어요.

그런 면에서 잘하는 일이 무엇인지 안다는 건 운이 좋은 거네요.

맞아요, 운이 좋죠. 아마 수없이 많이 본 면접 덕분이 아닐까.(웃음) 면접을 보면 다른 사람이 나를 평가하는 과정에 대해서 고민하게 되는데, 이를 통해 자신을 더 잘 알게 된 것 같기도 해요.

잘하는 일, 좋아하는 일에 대한 논쟁도 있지만 부모님이 바라는 일로부터 자유로워지는 것도 어려운 일이죠. 부모님이 어떤 직업을 강요하거나 요구하신 적은 없었나요?

없진 않았죠. 그런데 먹히지 않았어요.(웃음)

왜죠? 비결이 궁금한데요.

엄마나 아빠는 제가 좀 더 편하고 안정적인 직업을 가지길 바랐던 것 같아요. 선생님이 되라는 이야기를 가장 많이 들었고요. 엄마가 간호대를 나와서 주변에 의사나 약사 친구분이 많았는데 '나중에 너도 약사 하거라' 하는 분도 많았죠. 수시로 넣은 대학에서 모두 불합격하면 정시로는 서울이 아닌 고향에 있는 대학에 가기로 했는데 선택지가 교육학과 아니면 교대밖에 없었어요. 다행히 수시 딱 한 군데를 붙어서 서울로 대학을 올 수 있었어요. 제가 보통은 부모님 말을 잘 듣는 편이거든요. 그런데 유독 진로와 관련해서는 그렇지 않았어요. 무의식 중에 내가 하고 싶은 것을 향해 나아갔던 것 같아요.

그렇다고 어른들의 말을 계속해서 무시할 수는 없잖아요. 부모님과 가장 큰 갈등의 원인이 될 수도 있고요.

아마 처음부터 '나 콘텐츠 에디터가 될 거야!' 또는 '글 쓰는 일을 직업으로 할 거야!'라고 했다면 말리셨을 수도 있어요. 하지만 저는 계속 PD가 되고 싶어 했잖아요? 장래 희망을 적을 때도 PD를 적었고요. PD가 몸이 편한 직업은 아니지만 방송국이 꽤나 안정적인 직장이고, 하고 싶은 일을 하겠다는 거라서 말리시지는 않았던 것 같아요. 오히려 신문방송학과를 가겠다던 저에게 정치외교학과를 추천해 준 것도 아빠였고요. 저도 모르게 굉장히 좋은 방패막이를 하나 만들어 둔 거예요.

콘텐츠로 돈을 벌고 있는 지금의 삶, 어때요? 만족하나요?

토스에 들어오고 나서는 제 능력을 더 많이 인정받아서, 이제는 어느 정

나 좋자고 하는 일인데요

도 제 직업과 능력에 확신이 생긴 것 같아요. 회사에 필요한 일을 해낼 수 있다는 자신감, 이를 통해 돈도 더 많이 벌 수 있다는 생각이 제게 확신을 줘요. 제가 회사에서 굉장히 직설적인 캐릭터거든요. 일부러 그러는 건 아니고, 회사 일은 성과를 내야 하고 바르게 가야 하니까 좋고 싫은 것들을 분명하게 말하는 편이에요. 이런 업무 스타일은 아쉬움이 없어서 가능한 것 같아요. 내가 당장 이곳을 떠나게 되더라도 콘텐츠로 돈 벌 수 있고 어디서든 다시 일어설 수 있으니까. 물론 이곳에서 큰 성공을 거두고 돈 많이 벌어 은퇴해도 좋겠죠. 하지만 내가 원하지 않는 방향으로 회사를 다니기보다는 자신감을 갖고 회사 생활의 방향을 스스로 결정할 수 있어야 한다고 생각해요. 회사에서 일로 얻은 자신감이, 오히려 회사를 떠나도 괜찮겠다는 생각을 만들어 준 것 같아요.

수아 님과 이야기하다 보니, 글로도 먹고 살 수 있다는 희망이 생기는 것 같아요. 앞으로도 기업들은 글 쓰는 사람을 원할까요?

요즘 콘텐츠를 안 만드는 기업이 있을까요? 아마 찾기 힘들 걸요. 하지만 잘하는 기업은 많지 않다고 생각해요. 기업들은 계속해서 본인이 원하는 메시지가 고객들에게 닿길 바라고, 고객들은 콘텐츠의 홍수 속에서 본인이 원하는 양질의 콘텐츠를 보길 원해요. 거기에서 선택 받은 기업은 대단한 마케팅이나 브랜딩 없이도 고객에게 사랑 받고, 자연스럽게 성장하는 기업이 될 겁니다. 요즘은 꼭 글이 아니더라도 콘텐츠를 만드는 방법이 다양하잖아요. 콘텐츠의 중요성은 계속해서 커질 거고, 포맷은 더 다양해질 거라고 생각해요. 하지만 단순히 글만 잘 쓰고 영상만 잘 만들어서는 안 되고, 트렌드를 빠르게 파악하면서 전달해야 하는 분야의 지식도 잘 알고 있어야겠죠. 매우 빠르게 변하고, 또 알아야 할 내용도 많은 게 종종 이 일을 그만두고 싶게 하는 요소이기도 하지만 그만큼 알면 알수록 더 잘 전달할 수 있게 돼요.

앞으로는 어떤 삶을 살고 싶어요? 수아 님의 남은 미래가 궁금합니다.

언젠가는 '좋아하는 일'로서의 콘텐츠만 만들며 사는 게 꿈이에요. 제가 친구들과 '문어사'라는 작은 프로젝트를 하나 하고 있어요. 문어체를 잘 쓰는 친구들이 모여서 문어사라고 지었어요. 하나의 작은 출판 공동체

나 좋자고 하는 일인데요

같은 건데, 책도 쓰고 프로젝트도 하고 다양한 일을 해요. 여기서는 돈을 버는 게 최우선 목표는 아니거든요. 어쩌면 돈이 벌리지 않는다는 걸 알고 있는 것도 같고. 하지만 제가 만드는 모든 콘텐츠 중에 문어사 일이 제일 재미있어요. 회사 일도 즐겁고 의미 있게 하고 있지만, 어느 날 돈으로부터 자유로워지는 순간이 온다면 그때는 좋아하는 일을 선택하고 싶어요. 직업인으로서의 콘텐츠를 탈출하는 게 목표랄까요?

신기하네요. 자신이 가장 잘하는 일을 찾는 것도 힘든데, 본인이 무엇을 잘하는지 알면서도 언젠가는 그 일을 그만두고 좋아하는 일을 하고 싶다는 게.

모두가 원하는 순간이지 않을까요? 저는 운이 좋아서 잘하는 일을 찾았지만, 이것 말고도 다른 일을 더 잘할 수도 있을 거라 생각해요. 만약 돈을 벌 수 있는 다른 일이 있고, 그 일을 잘할 수 있게 된다면 나머지 인생은 좋아하는 것들로 채워도 멋지지 않을까요? 지금은 제가 찾은 수단 중에서 제일 잘하는 게 콘텐츠를 만들고 기획하는 일이지만, 언젠가는 그 일이 아니더라도 돈을 벌고 제 앞가림을 할 수 있는 순간이 오길 바라고 있어요. 아니면 더는 돈을 벌지 않아도 되도록 떼돈을 벌고 은퇴하는 것도 좋겠네요. 지금 목공을 취미로 하고 있는데 언젠가는 가구를 만드는 일로 생계를 유지할 수 있었으면 하는 작은 바람도 있어요. 책을 워낙 좋아해서 쌓아 두다 보니 다른 사람들도 와서 자유롭게 읽을 수 있는 작은 서재를 한편에 운영하는 목공방을 차리고 싶어요. 그곳에서 제가 좋아하는 일을 더 많이 하는 거예요.

'내가 가장 잘하는 것을 포기할 수도 있다.' 본인이 무엇을 좋아하고 잘하는지를 치열하게 고민한 사람에게 주어진 선물 같은 생각 같네요.

고마워요. 하지만 당분간은 열심히 일할 거예요. 지금까지는 제가 선택한 결과들에 단 한 톨의 후회도 없거든요. 제가 잘하는 일을 더 잘할 수 있게 만들면서, 더 많은 사람에게 제가 흥미롭게 느끼고 필요하다고 생각하는 이야기들을 전하고 싶어요.

분명 잘할 수 있을 거예요. 어쩌면 이미 이뤘을지도 모르고요.

저도 그러길 바라요.

이가은

————— *interviewee* —————

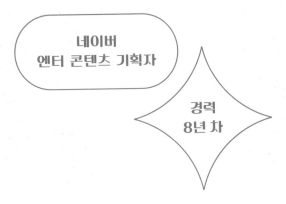

네이버
엔터 콘텐츠 기획자

경력
8년 차

직업을 세 번 바꿨다. 숫자를 보던 마케터에서 광고 에이전시 이노레드의 미디어 플래너로 커리어를 한 번 바꾸고, 회사 안에서 크리에이티브 부서로 한 번 더 바꿨다. 가던 길을 두 번이나 바꾸고도 만족하지 못한 그녀는 새로운 도전을 하기 위해 회사를 그만두고 과감하게 갭이어를 가졌다. 그 뒤 콘텐츠 기획자로 변신한 그녀는 하이브를 거쳐 네이버에 입사해 NOW 및 엔터 콘텐츠 기획자로 일하고 있다.

"익숙한 자리에서 벗어날 때마다
더욱 강해졌어요."

나는 오래달리기를 잘하지 못한다. 군에 있던 시절, 매일 아침마다 5km 를 뛰어야 하는 일은 내게 그 어떤 훈련보다도 고통스러운 일이었다. 조교들은 중간에 멈추는 훈련병들을 용납하지 않았다. 멈추면 다시 뛸 수 없다며 더 혹독한 벌을 줬다. 어쩌면 당연한 말이지만, 그땐 당장이라도 자리에 주저앉아 쉬었다가 가고 싶은 마음이었다. 잠깐이라도 쉬면 더 멀리 갈 수 있을 테니까.

하지만 사회에 나오고 보니 멈추는 일이 얼마나 어렵고 힘든 일인지를 깨닫게 됐다. 대개 우리 삶에서 하던 것을 멈추는 일은 포기거나 투자 둘 중 하나로 귀결된다. 하고 있는 일이 너무 힘들고 나를 고통스럽게 해서 멈추는 일은 대개 포기다. 반면 새로운 일을 하기 위해 하던 일을 멈추는 것은 투자다. 많은 사람이 포기는 겪어 봤지만, 투자를 위한 멈춤은 잘하지 못한다. 왜냐하면 그것은 역설적으로 많은 것을 포기해야 하기 때문이다.

아마도 사람들이 가장 많이 포기하지 못하는 것은 일과 직업일 것이다. 일이라는 것은 어떤 의미에서건 포기하는 게 쉽지 않다. 포기하게 될 경우 당장의 먹고 살 일을 고민해야 한다. 동시에 아예 새로운 직업을 찾아야 하는데, 새 직업을 잘 찾을 수 있으리라는 보장 같은 건 존재하지 않는다. 게다가 포기하기까지 다치고 지친 마음을 수습하는 일도 어려운 일이다. 포기를 실패로 보는 세상에서는 더욱 힘들다. 더는 버틸 수 없어 포기하고 싶은데 포기하는 일까지 나를 힘들게 하니 진퇴양난이 된다. 그래서 결국 포기하지 못하고 실패를 미뤄 둔 채 계속 산다. '죽지 못해 산다'라는 말은 그만두는 일조차 두려워 포기도 하지 못한 사람들이 내뱉는 마지막 단말마인 것이다.

그런데 이런 포기를 세 번이나 하고도 앞으로 나아간 사람이 있다. 포기했지만 실패가 아니었고, 멈췄지만 결국엔 멈추지 않은 사람이 있다. 그녀는 학교에서 자신이 선택한 전공을 한 번 멈췄고, 회사에 들어가 자신이 처음으로 선택한 일을 또 한 번 멈췄고, 새로운 도전을 위해 다시 찾은 직업을 또 한 번 멈췄다. 삶에서 한두 번도 포기하기 어려운 직업의 길을 여러 번이나 포기하고도 아직 앞으로 나아가는 사람이 있다. 바로, 이가은 기획자다.

나는 그녀의 두 번째 멈춤 즈음에 우연히 함께 일한 적이 있다. 그녀는 지금 하고 있는 일이 자신의 일이 아닌 것 같다며, 새로운 일을 하기 위해 회사를 박차고 나갔다. 나는 의아했다. 왜냐하면 그녀는 내가 봤던 그어떤 마케터보다도 일을 잘했고, 회사에서 누구보다 인정받고 있었기 때문이다. 인정받고 잘하는 일이었음에도 불구하고 자신에게 맞지 않는 옷이라며 집어던지고 나가는 그녀의 뒷모습이 다른 사람들과는 다른 어떤 생경한 모습으로 보였던 기억이 있다.

그녀와 우연히 연락이 닿은 건 퇴사 후 또 한 번의 포기를 더 하고, 비로소 그녀 자신이 원하는 모습에 조금 더 가까워졌다고 생각했을 때쯤이었다. 같이 일한 건 오래전이었지만, 함께 고생했던 시간을 공유하고 있던 덕분에 마치 어제 만난 것처럼 그녀의 이야기들을 들을 수 있었다. 그녀는 왜 자꾸 멈추는 것일까. 그런데도 그녀는 어떻게 계속해서 앞으로 나아가고 있는 것일까.

마케터로 커리어를 시작해 지금은 네이버에서 엔터 콘텐츠 기획자로 일하고 있는 이가은을 만나, 어떻게 2보 전진을 위한 1보 후퇴를 수차례할 수 있었는지를 물었다. 더불어 그렇게 멈춰 온 그녀가 끝까지 달려가고 싶은 미래의 목표는 무엇인지도.

네이버 NOW 〈갼나와〉 잘 듣고 있어요. 솔직히 말하면 〈적재의 야간작업실〉 말고 다른 걸 들어 본 건 처음이었어요. 색다른 재미가 있더라고요. 기획이 참신하다고 느꼈어요.

제가 처음부터 다 기획한 건 아니지만(웃음) 저도 참신하다고 생각해요. 두 가지 정도의 재미가 있어요. 하나는 네이버 지식IN에 올라온 질문을 활용한다는 점, 두 번째는 강호동 님과 크리에이터들과의 조화예요. 토크 프로그램을 새로 만들면서 네이버와 연결성이 있는 기획을 하고 싶었는데, 지식IN을 활용하니 새로운 게 나오더라고요. 인물을 초대해서, 지식IN에 그 사람과 관련된 질문들을 싹 모아서 묻는다. 어떻게 보면 네이버만 할 수 있는 콘텐츠잖아요. 그리고 다른 하나는 강호동 님과의 조화인데, 이게 신선해요. '강호동' 하면 익숙하게 따라붙는 주변 연예인들이 있잖아요. 그런데 강호동 님 옆에 주변 연예인이 아닌 요즘 인물들을 붙여 보는 거죠. 침착맨, 빠니보틀, 슈카, 레오제이… 이런 분들과 강호동 님이 만들어 내는 새로운 케미가 이 기획을 더 참신하게 만드는 것 같아요. 사람들이 예측하지 못하는 재미들도 같이 주고요.

그럼 지금 구체적으로는 어떤 일을 하고 있는 거예요?

기획자죠. 이 플랫폼에 필요하고 유저들이 원하는 콘텐츠를 기획하고 만드는 일이에요. 구체적으로는 이 프로그램이 어떤 방향으로 가야 하는지에 대한 그림을 그리고요. 그 그림에 필요한 것들을 함께 결정하고 지원하는 역할이라고 보면 돼요. 콘텐츠 만드는 걸 가방을 만드는 과정에 비유하자면 가방의 전체 디자인을 하고 틀을 잡는 사람이 있고, 그 디자인을 실제 제품으로 한 땀 한 땀 만드는 사람들이 있잖아요. 저는 여기서 틀을 잡는 사람이라고 생각해요. 어떤 패턴으로 할지, 어떤 색깔로 할지, 어떤 구조로 할지 같은 것들을 짜는 거죠. 각자 잘하는 게 다르기 때문에 역할이 나뉘는 건데 저는 이런 역할이 제게 맞는다고 생각했고, 그래서 방송국 PD가 아닌 콘텐츠 플랫폼 기획자를 선택했어요.

지금은 기획자로 일을 하고 계시지만 원래는 다른 일을 하셨죠.

맞아요. 마케터로 일을 시작했어요. 저는 2016년부터 일을 시작했는데, 그때는 금융을 다루는 핀테크 스타트업에서 퍼포먼스 마케팅으로 커리어를 시작했어요. 그러다가 광고 에이전시에서 미디어 플래닝과 광고 기획을 했고, 이후에 하이브에서 아티스트 오리지널 스토리 콘텐츠 마케터를 거쳐 네이버로 오게 됐어요. 이따가 이야기하겠지만, 중간에 갭이어(Gap Year)라고 해서 진로 탐색의 기간도 가졌고요.

원래 광고나 마케팅 쪽을 전공하셨나요?

처음엔 이과였어요. 요즘은 문·이과 선택 안 한다면서요? 나이 들어 보이면 어떡하지.(웃음) 여튼 대학교 들어갈 때는 생명과학부로 들어갔어요. 친척 중에 의사가 있었는데, 엄청 잘 살더라고요. 어린 마음에 '돈이 집을 지켜 줄 거야' 같은 생각으로 의사랑 비슷한 일을 하고 싶었던 것 같아요. 공부를 못한 건 아니었지만 의사가 될 만큼은 아니었고, 그래서 그나마 비슷한 생명과학부에 들어간 거죠.

그런데 어떻게 진로가 바뀌게 된 거예요?

생명과학부에 들어갔는데, 공부를 고3 때처럼 해야 하더라고요. 엉덩이 붙이고 앉아서 하루 종일 영어로 된 원서 읽고 수업 듣고, 또 수업 듣고 다시 도서관에 돌아와서 공부하는 생활을 계속해야 했어요. 그리고 저희는 미생물을 키워요. 재미있죠? 미생물들 밥 주고, 잘 컸나 보고 그걸로 공부하는 게 일과거든요. 하루는 늦은 밤에 가운을 입고 미생물들 밥을 주러 갔어요. 잘 컸나~ 안 죽었나~ 보고 있는데, 문득 제가 그 시간까지 밥을 안 먹었다는 걸 깨달았어요. 갑자기 너무 억울하더라고요. '눈에 보이지도 않는 미생물들한테는 밥 주고 있으면서 정작 내가 밥 못 먹는 게 말이 되나? 이런 삶을 5년, 10년 더 한다고 했을 때 내가 정말 행복할까?' 하는 생각이 들어서 바로 다음 날 교수님을 찾아갔어요. '교수님, 제가 이 학문을 왜 공부해야 합니까!' 교수님한테 따졌죠.

교수님도 놀라셨을 것 같은데요.

그 일이 알려지고서 학과에서 '또라이'로 소문이 났더라고요. 교수님한 테 지른 것도 있고, 내가 이 학문을 공부하는 게 맞나 회의감도 들어서 휴학을 했어요. 어차피 목적 없이 공부하는 삶이라면 차라리 약대 시험을 치는 게 낫겠다 싶었어요. 그래서 부모님한테 당당하게 말하고 휴학을 했는데, 그러고서 한 달 뒤에 유럽에 갔어요.

나 좋자고 하는 일인데요

갑자기요?

부모님 입장에서도 골 때리는 거죠. 약대 시험 보려고 휴학한 데다가 돈도 많이 들어서 투자해 주려고 했더니만 집에 와서 책만 펴면 제가 막 울었거든요. '엄마 나 공부하기 싫어' '너 그럼 휴학 왜 했어?' '약대 가려고' '그럼 공부해야지' '하기 싫어'를 반복하다가 이대로는 안 되겠다 싶어서 알바로 모은 돈을 가지고 유럽에 갔어요. 홀로 자신과 대화하는 시간을 많이 가지면서 깨달았죠. 아, 나는 표현하고 발산해야 하는 사람이구나. 마침 그때 제가 학부에서 연극 동아리를 하고 있었거든요. 생각해 보니, 저는 저를 표현하는 것들을 좋아하더라고요. 표현은 하나의 방향이고 수단은 여러가지잖아요. 그게 글이 될 수도 있고, 연기가 될 수도 있고, 마케팅 기획이 될 수도 있고요. 그래, 그렇다면 내 기질대로 살아야겠다. 뾰족한 나의 이 기질을 살릴 수 있는 방법으로 살자고 마음먹고 돌아와서 마케팅과 심리학을 전공하기로 했죠.

성과가 있었나요?

결과적으로는 옳은 선택이었어요. 제 기질을 잘 알고, 선택도 잘했던 것 같아요. 돌아온 뒤로 전공을 바꾸고 공모전을 여러 번 나갔는데 나갈 때마다 상을 탔어요. 대상도 여러 번 타고 신문에도 나오고 하니, 저를 보고 또라이라고 했던 사람들도 '쟤는 저 길이 맞았네'라며 인정해 주기도 했고요. 어느 순간부터는 진로에 확신이 생기더라고요.

스스로에 대한 이해가 정확한 것 같아요. 일찍 깨닫기도 했고.

맞아요. 어려서부터 저를 알아 가는 노력을 많이 했어요. 매번 생각하면

서 자신에게 질문을 던져요. '내가 이걸 하면 행복할까?' '1년 뒤에는?
3년 뒤에는? 10년 뒤에는?' 이런 질문들을 끊임없이 던지고 대답하면
서 길을 찾아가게 되더라고요.

**질문이 조금 이상한데, 가은 님은 본인과 친해요? 저도 제 자신하고 이야기를
자주 나누는 편인데 저는 제 자신이 좀 피곤할 때가 있거든요. 친구라면 가끔은
가까이 두고 싶지 않은.(웃음)**

친해요. 그런데 피곤하죠. 가끔은 이렇게 변덕쟁이랑 같이 살아 주는 남

편한테 고마울 때가 있어요. 그래도 저는 저한테 하고 싶은 걸 다 하게 해 주는 편이에요. 어떤 필요나 욕구가 생겼을 때, 그걸 다 하게 만들어 주고 아무리 작은 불씨나 욕구라도 꺼뜨리지 않고 키워 주는 편이랄까요. 진짜 하고 싶으면 '잠 좀 줄이고 해 보자' '네가 하고 싶은 거 같이 잘 해 보자' 같은 이야기들을 자주 해 준달까. 그래서 힘들지만, 재미있죠. 그래도 저는 저를 데리고 사는 게 꽤 재미있다고 생각해요.

상도 많이 받고, 전공을 바꾸고 난 뒤에는 승승장구하면서 졸업했을 것 같은데 대기업이 아닌 스타트업에 들어간 게 의외였어요.

사실 대기업에 지원을 안 한 건 아니에요. 그런데 취업을 준비하는 다른 친구들에 비해서 제가 너무 뛰는 것 같더라고요. '신입'이 가져야 하는 어떤 태도나 마인드가 분명히 있을 텐데, 저는 남들과 좀 달랐거든요. 욕심이지만 처음부터 주체적으로 일을 해 보고 싶었어요. 큰 회사에서 어떤 디렉션에 따라 작은 일을 하는 것보다, 작은 회사에서 내가 할 수 있는 일의 범위가 넓은 상태로 의사 결정에 관여할 수 있으면 했거든요.

그래서 어떻게 했어요?

당시 페이스북에서 콘텐츠를 만드는 사람들이 엄청 많았어요. 마케팅과 관련된 이야기도 많이 올라왔고요. 그런데 그 사람들 모두가 주체적으로 일하는 사람들이더라고요. 스스로 일을 선택하고, 스스로 방향을 만들어 성장하는 사람들의 이야기였죠. 그런 사람들을 보며 자랐기 때문에 저도 자연스럽게 이런 방식으로 성장하고 싶다고 생각하게 됐고, 그러려면 스타트업에 가야 한다고 생각했어요. 그런 사람들이 다 스타트업에 모여 있을 때였거든요. 그래서 '나는 프로처럼 일하겠다! 나는 프로가 될 거야!'라고 생각하고 스타트업 입사를 결심했어요. 그런데 여기에는 문제가 하나 있었어요.

어떤 문제가 있었나요?

그런 생각을 했던 제가 0년 차였다는 거죠.(웃음) 진짜 패기만 넘쳤죠. 현실적으로 말하면 분수를 몰랐던 걸 수도 있고요. 일을 배우고 필수적으로 쌓아 가야 하는 연차에 '영향력을 크게 발휘하면서 일하고 싶다'라는 머리만 큰 포부만 넘쳤어요. 그때 우연히 페이스북에서 어니스트펀드라는 금융 IT 회사의 채용 공고를 보게 됐어요. 8년 차 이상 PR 담당자를 모집하는 공고였는데, 회사가 너무 괜찮아 보이는 거예요. 난 0년 차고 공고는 8년 차지만, 가고 싶으니까 그냥 지원했어요. 회사가 얼마나 황당했겠어요. 시니어를 뽑는 자리에 주니어가, 그것도 0년 차가 지원했으니까.

회사에서 받아 줬나요?

일단 이력서는 받아 줬어요. 다행스럽게도 공고가 올라오진 않았지만 마케터가 필요한 상황이었고, 제 이력서를 보더니 PR은 아니더라도 마케팅은 해 볼 수 있겠다며 연락이 온 거죠. 그래서 면접을 보러 갔어요. 자신 있게 했어요. '나 엄청 하고 싶다! 여기 오고 싶다!' 쩌렁쩌렁하게 말했죠. 나중에 들은 이야기인데, 사람들은 제가 면접 보면서 대표랑 싸우는 줄 알았대요. 정말 패기가 넘쳤던 건데, 감사하게도 그런 패기 넘치는 0년 차를 회사가 받아 줬고 덕분에 커리어를 시작할 수 있게 됐어요.

사람들이 작은 회사에서 커리어를 시작하는 걸 두려워하는 경우가 많은데, 그

나 좋자고 하는 일인데요

런 부분이 걱정되진 않았나요?

규모도 중요하지만, 어떤 회사에 들어가느냐가 더 중요한 것 같아요. 제가 갔던 어니스트펀드는 당시엔 작은 회사였지만 이후에는 100명 가까이 되는 회사로 커지기도 했고, 똑똑한 사람이 많이 모여 있는 곳이었어요. 운이 좋았던 게, 회사가 투자를 많이 받고 훌륭한 사람들을 데려오다 보니까 연차가 20년도 더 된 임원급 마케터도 영입한 상태였죠. 신입이 엄청난 대선배한테 바로 일을 배울 수 있는 기회는 솔직히 없어요. 그런 사수랑 일하려면 대기업에서도 한참을 일해야 해요. 그런데 패기로 부딪친 덕분에 감사하게도 그런 훌륭한 사람들과 붙어서 일을 하고 배울 수 있었죠.

마케터로 취업은 했는데, 창의적인 것과 거리가 먼 일을 하셨더라고요.

마케팅에도 종류가 많은데, 그중에서도 숫자를 보는 일을 맡았어요. 아무래도 이과 출신이다 보니까 수에 밝았고, 그래서 마케팅의 효율을 좋게 만드는 일에 자주 투입되다 보니 퍼포먼스 마케팅을 하게 된 거죠. 무엇보다 같이 일하는 사수가 제가 일하는 걸 많이 좋아해 주셨어요. 20년 차 사수가 제게 일 잘한다는 말을 해 주는데 어떻게 무시할 수 있겠어요. 또 당시에만 해도 그로스 마케팅이다, 퍼포먼스 마케팅이다, 몸값 높은 마케터들은 다 그런 일들을 하고 있었던지라 자연스럽게 그게 제가 가는 길이라고 생각했던 것 같아요. 하지만 한편으로는 크리에이티브한 일들에 대한 미련은 놓지 못했어요. 그런데 제가 퍼포먼스 마케팅을 잘하다 보니, 크리에이티브는 취미로 하라는 이야기를 계속 들었죠.

생각했던 마케터와는 거리가 있었군요.

점차 시간이 지나면서 잘하는 일과 좋아하는 일에는 분명한 차이가 있다는 걸 알았어요. 마케팅에도 종류가 많다는 걸 일을 시작하고 나서야 알았고요. 일 잘한다는 소리를 듣는 건 분명 좋은 일이지만, 이걸 오래오래 할 수 있느냐는 또 다른 문제였어요. 그런데 저는 잘하는 걸 하고 싶은 사람이기보다는 좋아하는 일을 해야 하는 사람이더라고요.

사실 잘하는 일을 만나는 것도 힘든 일이잖아요. 잘하는 일을 만나고도 회사를 옮겨야겠다는 생각이나 일을 바꿔야겠다는 생각이 든다면 다른 이유도 있었을 것 같아요.

맞아요, 그 시절은 지금 떠올려도 즐겁고 행복한 순간들이 많아요. 동료들과 밤새 무언가를 만들고, 내가 한 일을 통해 회사가 성장하는 걸 보는 일이 얼마나 즐거운 건지도 알았고요. 하지만 즐겁고 행복했던 기억과는 별개로 회사를 고를 때 몇 가지 간과했던 것들이 있었어요. 첫째는 산업을 너무 고려하지 않았던 거였어요. 지금이야 나이를 먹고 금융에 대해 이해할 수 있지만, 사회 초년생이던 제게 금융이라는 주제는 너무 다른 세계였어요. 어니스트펀드는 금융 상품을 파는 회사였는데, 불과 얼마 전까지만 해도 서울 집 보증금이 비싸서 허덕이던 애가 몇 억 단위의 상품을 다루니 와닿지 않았던 거죠. 그때 아무리 좋은 회사더라도 지금 내가 관심 있고 잘할 수 있는 분야나 산업을 고려해야 한다는 걸 깨달았어요. 그리도 또 다른 하나는 스스로에 대한 가능성을 닫아 두지 말자는 거였어요. 처음 해 본 일이 퍼포먼스 마케팅이었고 이 일에 재능이 있다는 말을 감사하게도 많이 듣고 있었지만, 애초에 다른 일을 해 볼 기회가 없었잖아요? '내가 이걸 잘하는 건 알겠는데, 이대로 내 인생의 길이 결정되는 건가?' 하는 의문이 들더라고요. 새로운 도전을 해야겠다고 생각하게 됐어요.

나 좋자고 하는 일인데요

그래서 어떻게 했어요?

그만해야겠다고 생각했죠. 원하는 일을 해야겠다. 크리에이티브를 발휘해서 여러 브랜드의 마케팅 전략을 다양하게 고민하는 일을 하고 싶었죠. 그런 일을 할 수 있는 곳 중의 하나가 광고 회사라고 생각했어요. 그때 재미있는 광고물을 자주 찾아보곤 했는데, 제가 좋아하는 광고물 몇 개가 모두 같은 회사의 작품인 거예요. 잘 찾아보니 독립 에이전시들 중에서 1위 회사였고, 제가 하고 싶었던 일들을 하고 있던 회사더라고요. 그래서 여기를 어떻게든 가야겠다고 생각했어요. 그 회사를 가면 제가 좋아하는 일들을 할 수 있을 것 같았거든요.

그렇게 해서 간 곳이 이노레드라는 회사였던 거군요.

이가은

이노레드에 처음 갔을 때에는 미디어 플래너로 입사했어요. 미디어 플래닝은 엄밀히 따지면 제가 원하는 크리에이티브를 할 수 있는 일은 아니에요. 브랜드의 메시지를 타깃에게 정확하고 효율적으로 전달할 수 있도록 미디어 전략을 짜는 일이죠. 예를 들어 광고주가 새로운 광고 캠페인을 하려고 한다면, 어떤 매체에 누구를 대상으로 얼마의 예산을 투입해서 광고를 노출시킬 건지 계획하고 실행하는 일이었어요. 제가 원래 했던 퍼포먼스 마케팅의 영역에서 좀 더 확장된 형태의 일이었죠. 여러 브랜드를 만나고 광고 전략을 넓게 짤 수 있다는 점에서는 만족스러웠어요. 하지만 크리에이티브한 일에 대한 갈증은 여전히 있었죠. 입사후 1년 차 때부터 팀장님께 크리에이티브를 짤 수 있는 일을 하고 싶다고 계속 이야기하고, 어필했죠.

회사가 직원이 하고 싶다고 한 일을 다 시켜 주는 집단은 아니잖아요. 학교가 아니니까. 어떻게 설득했는지 궁금해요.

증명하기 위해서 해야 할 게 많았어요. '사실 나 크리에이티브도 잘한다!'를 증명하려면 회사 일로는 어려웠고, 다른 시간에 증명해야 했어요. 유튜브도 하고, 사이드 프로젝트들도 하고, 외부 사람들도 만나면서 계속해서 제 감각을 증명하려고 했죠. 지금도 감사한 건 당시 팀장님이에요. 일에 대한 고민을 이야기할 때마다 항상 함께 고민해 주셨거든요. 크리에이티브를 하고 싶어 하는 제게, 미디어 플래닝에도 크리에이티브를 녹여 낼 수 있다고 말해 주시면서도 제작팀으로 가고 싶어 하는 저를 전폭 지지해 주셨어요. 결국 팀을 옮기겠다고 선언하는 날 대표님과 부대표님에게 메일을 썼는데 그것도 팀장님이 봐 주신 거였어요. 메일에 제가 그동안 만들어 온 포트폴리오를 같이 보내면서 팀을 옮기고 싶다고 했죠. '나는 그동안 이런 것들을 만들어 왔고, 내 제작물을 좋아해 주는

나 좋자고 하는 일인데요

브랜드나 개인이 내게 따로 콘텐츠 일을 맡긴다. 외부에서 이런 의뢰가 들어온다는 건 이 일을 잘한다는 것을 어느 정도 증명해 낸 거라고 본다. 나는 이 일을 꼭 여기서 하고 싶다.' 다행히 제가 만들어 낸 창작물이나 열정이 회사에서 보기에 가능성이 있어 보였나 봐요. 덕분에 오래 지나지 않아서 제작팀으로 옮길 기회를 잡게 됐죠.

쉬운 과정은 아니었을 것 같아요.

사실 생각해 보면 제가 크리에이티브로 가는 게 말도 안 되는 일이거든요. 광고 회사 출신도 아니고, 그렇다고 원래부터 제작을 했던 사람도 아니고요. 광고 회사에 크리에이티브를 하러 오는 사람들은 프라이드가 높은 사람들이 많이 와요. 그런데 아무것도 없는 애가 제작팀으로 간다고 하니, 주변 시선이 달갑진 않았겠죠. 제게 직접 '넌 뭔데?' 하는 사람은 없었어요. 하지만 어렵게 기회를 잡은 만큼 스스로 더 잘 해내야만 한다는 압박이 있었죠.

회사 생활이라는 게 내 뜻대로 안 되더라도 '남들도 다 이렇게 사니까' 하고 포기하는 게 대부분인데, 가은 님은 절대로 타협하지 않는 것 같아요. 특히 자신의 미래가 걸린 일이면 더더욱.

저는 그럴 때마다 원하지 않은 일들을 꾸역꾸역 하면서 고통스러웠던 순간들을 떠올려요. 당장 몸과 마음이 편할 수는 있지만, 그 편안함을 넘어서 내가 진짜로 행복할 수 있는 일을 하지 않으면 안 된다고 늘 생각하죠. 말씀하신 것처럼 정말 그런 부분에 있어서는 타협하지 않고 살아온 것 같아요. 그래서 중요한 순간들마다 제게 맞는 결정을 하게 되는 것 같고요.

결정은 했지만, 증명해야 하는 과정의 압박감이 대단했을 것 같아요.

너무 있었죠. '쟤가 정말 크리에이티브를 잘할 수 있을까?'라는 의구심에서 벗어나는 과정은 정말 힘들었어요. 겉으로는 내색하진 않았죠. '저너무 즐거워요! 행복해요!'라고는 했지만, 압박은 엄청났어요. 제가 제대로 하지 못하면 너무 많은 사람에게 피해를 주는 거라고 생각했거든요. 나를 믿어 준 사람들, 나로 인해 성과가 나지 않으면 곤란해질 사람들모두와 무관하지 않았으니까요. 그래서 정말 미친듯이 매달려서 일했던 것 같아요. 이후에 함께 일했던 분들이 '너는 크리에이티브가 맞더라'라고 해 주셔서 너무 기뻤죠. 과정은 결코 쉽지 않았지만요.

압박 속에서 불안을 이겨 내기 위해 특별히 더 했던 노력들이 있었나요?

불안함은 떠올리거나 가만히 놔두면 더 커진다고 생각해요. 그러니 저는 불안해할 시간에 하나라도 더 하자고 생각했어요. 그리고 조언을 많이 받으려고 했어요. 불안함을 느낄 때면 선배들한테 가서 조언 하나 더 받아먹고, 아이디어 이렇게 짜 봤는데 어떤지 한번 봐 달라고 재촉하고, 영감을 주는 콘텐츠나 영상들 보면서 아이디어 계속 적어 놓고. 사람들이 평균적으로 해 놓는 일이 있으면 그것보다 몇 배는 더 많이 가져가서 피드백 받으면서 불안을 해소했어요. 아이디어 10개 가져가면 10개다 까일 때도 있었는데요.(웃음) 점차 '이거 괜찮은데?' 하면서 제안서에아이디어 올라가는 횟수가 늘더라고요. 그때 희열을 느꼈죠. 아 재밌다.그런데 아프다.(웃음) 정말 아픈데, 즐겁다. 그렇게 불안함을 극복하면서앞으로 나아갔던 것 같아요.

남에게 조언과 도움을 요청하는 건 중요한 일이죠.

네, 저는 되게 솔직한 편이라서 모르는 건 모른다고 당당하게 말했어요. 처음 이 일을 시작했을 때에는 방법을 모르니 '이거 어떻게 하면 되는지 알려 줘!'라고 도움을 많이 요청했죠. 제가 아는 척하고 위기를 모면하면 당시에는 자연스럽게 넘어가겠지만, 결과는 그렇지 못하겠죠. 동료들 운도 있었어요. 동료들이 '야, 쟤 새로 왔으니까 우리가 더 알려 주자' 같은 분위기가 있었는데, 덕분에 저도 더 친근하게 다가갈 수 있었고요. 미디어를 다루는 사람이었다 보니 기존과 다른 접근 방식으로 아이디어를 낼 때도 있었는데, 그걸 잘 살릴 수 있도록 도와주셨죠. 그런 상호 작용들이 더 창의적인 결과로 이어졌던 것 같아요.

선배들의 조언이 별로 도움 안 된다며 묻지 않는 사람들이 있는데, 가은 님은 그런 선입견은 없나요?

모든 조언이 도움이 되는 건 아니지만, 먼저 고민했던 사람들의 이야기는 어떤 식으로든 귀하다고 믿어요. 결국 받아들이는 사람의 능력이죠. 많은 사람의 이야기와 경험을 내 레퍼런스로 쟁여 두면 나중에 어떤 선택을 할 때 단 몇 %라도 더 올바른 선택을 할 가능성이 커진다고 생각해요. 책이나 영상을 보는 것도 중요하지만, 정말 반 발자국 정도 앞서 있는 사람들의 이야기를 들으면서 '내가 고민했던 지점도 저거였는데, 저 사람은 이렇게 해결해 나갔구나' 하며 본인의 결정을 할 수 있죠.

본인이 가진 노하우들을 잘 알려 주지 않으려는 사람들도 있잖아요. 새로 배우려는 사람 입장에서는 그런 방어적인 태도들이 주저하게 만드는 이유이기도 하고요.

다행히 저는 잘 알려 주는 동료들을 만났어요. 크리에이티브를 시작한다고 했을 때, 팀 동료가 외장하드에 모아 둔 광고 600개를 줬거든요. 이거 다 보고 인사이트를 틈틈이 기록해 두면 도움이 될 거라면서요. 정말 너무 고마웠어요. 덕분에 브랜드의 문제를 크리에이티브로 해결해 나가는 과정을 빠르게 배울 수 있었어요. 반면 아주 방어적인 사람들도 있죠. '해 본 적도 없는 일을 어떻게 한다는 거야?'라고 묻는다면 저는 이렇게 반문해요. '당신도 날 때부터 잘한 건 아니잖아요.'(웃음) 당연히 먼저 경험한 사람이 숙련도는 높을 수밖에 없죠. 결국 그 일을 얼마나 하고 싶은지, 얼마나 진심인지에 따라 차이가 벌어진다고 생각해요. 그래서 저는 부족한 점들을 더더욱 숨기지 않았어요. 그게 제가 가장 빠르게 성장하는 방법이라는 걸 알았기 때문에.

방금 하신 말 정말 좋네요. 공감도 가고요. 결국엔 일을 더 잘하고 싶어 하는 사람의 성장 곡선이 더 가파를 테니까.

훨씬 가파르죠. 처음부터 그 일을 하기 위해 태어나거나, 시키지도 않았는데 일을 잘하는 사람은 없어요. 저는 원래 실험실에서 미생물 먹이 주던 사람이었잖아요. 그런 사람이 마케팅을 하고, 퍼포먼스를 보고, 광고를 하고, 콘텐츠 기획을 하는 건 일을 향한 진심과 태도 때문에 할 수 있었던 거라고 생각해요.

일에 진심인 만큼 기억에 남는 프로젝트들도 많았을 것 같아요. 대표적인 것 하나만 소개해 주실 수 있을까요?

제일 마지막에 참여했던 캠페인이 기억에 남아요. '로보어드바이저(Robo-Adviser)'라고 해서, AI가 자동으로 투자해 주는 금융 서비스의 브랜딩 캠페인을 맡았어요. 당시 이런 서비스가 많이 없는 데다가 AI가 자동으로 투자해 준다는 내용이 소비자들에게는 어렵게 느껴질 것 같더라고요. 서비스의 핵심을 파 보니 결국 AI가 사람보다 더 나은 판단을 한다는 것이었죠. 여기서 착안해서 '아, 사람들이 투자할 때 사람이기에 올바른 판단을 하지 못하고 오류를 저지르는 다양한 상황들을 보여 주면 어떨까?' 하는 아이디어가 떠올랐죠. 나보다 더 많은 데이터를 축적하고 분석한 AI의 판단이 낫다는 걸 안다면, 서비스의 본질도 알리고 투자를 맡기지 않을까 생각했죠. 그래서 누군가가 '저기가 상한가래! 저 종목이 뜬대!'라는 말만 듣고 우르르 뛰어가다가 하락장에 갇혀 버린 사람들을 스토리에 담았어요. 이때 AI를 활용한 사람은 전동차로 오르막을 편안하게 올라가면서 웃어 주는 걸로 표현했어요. 여기 더 편하고 안전한 길이 있다는 걸 보여 준 거죠. 나중에 베스트 브랜딩 캠페인으로 유튜브 웍스 상을 탔다고 연락 받았을 때 정말 기뻤어요. '전달하고자 하는 메세지가 잘 전달됐구나' 하는 생각이 들었죠.

이렇게 성과가 좋았는데, 광고 쪽 일을 그만하고 하이브와 네이버를 거치면서 기획 쪽 일을 도전하셨어요. 어떤 계기였나요?

다른 형태의 오리지널 콘텐츠를 만들어 보고 싶었어요. 물론 광고도 기획자의 오리지널리티가 들어간 종합 예술과 같은 영역이지만 포맷이 제한적인 건 사실이거든요. 브랜드의 과제를 해결하기 위해 출발한 크리에이티브니까요. 또 초수의 한계가 있는 것도 사실이었고요. 저는 평소에 제가 재미있다고 느끼는 창작물을 만들고 싶었어요. 그래서 회사를 그만두고 새로운 일을 해야겠다고 생각했죠.

그래도 그만두는 게 쉽지는 않았을 것 같아요.

실은 브랜디드 콘텐츠 태스크 포스(TF)를 회사에 제안하기도 했어요. 브랜드의 이야기를 현재의 광고 포맷이 아닌 예능 프로그램이나 영화, 다큐멘터리의 오리지널 형태로 만들어 보자고요. 브랜드들이 자신의 이름을 건 콘텐츠를 소비자뿐만 아니라 대중으로 확장시켜서 보여 주고 싶어 하던 시기여서 기회라고 생각했거든요. '우리가 브랜디드 콘텐츠를 만드는 영역도 피벗해 봤으면 좋겠고 나는 이런 걸 하고 싶다!'라는 제안서를 대표님께 들고 갔죠. 공감은 하셨지만, 당시에는 당장 할 수 있는 단계가 아니라고 판단하셨던 것 같아요. 어떤 콘텐츠를 만들고 싶은지 스스로 확인을 했는데, 여기서 할 수 없다면 다른 곳에서 해야겠다고 생각했어요. 너무 하고 싶었거든요. 그런데 막상 이런 콘텐츠를 만드는 곳으로 가려니까 어떤 곳이 맞을지 잘 모르겠더라고요. 그 일이 진짜 내가 하고 싶은 일인지에 대한 확신도 필요했고요. 그래서 진로를 좀 더 깊게 탐색하기 위해 퇴사 후 갭이어를 가졌어요.

갭이어 이야기가 궁금해요. 사실 모두가 하고 싶어 하는데, 용기를 내지 못하는 일이잖아요.

4월에 퇴사했는데, 연말인 12월까지 갭이어를 끝내는 게 목표였어요. 갭이어는 너무 늘어지지 않게 기간을 정하는 게 핵심이거든요. 그리고 여기저기 소문도 많이 냈어요. SNS에서도 떠들고, 글도 쓰고 하면서 갭이어를 갖는 과정을 최대한 많이 알렸어요. 또 일을 쉬지 않았어요. 갭이어 기간에도 일은 해야 한다고 생각했거든요.

일도 하고 진로 고민도 하려면 꽤 바쁘게 시간을 보냈을 것 같아요.

외주가 의외로 많이 들어왔어요. 그동안 제가 해 왔던 모든 경력을 다

합치니까 꽤 많은 일을 할 수 있게 됐더라고요. 퍼포먼스도 할 수 있고, 미디어 플래닝도 할 수 있고, 콘텐츠 기획도 할 수 있고, 영상 작업도 할 수 있고, 글도 쓸 수 있고, 다양한 것들을 할 수 있으니 외주 의뢰를 주시는 분들도 좋아했죠. 그러면서도 제 개인 콘텐츠를 만드는 일을 놓지 않았어요. 회사 밖으로 나와 외주를 받고, 갭이어를 거치면서 목표를 달성해 나가는 과정을 콘텐츠로 만들었어요. 제 자신을 캐릭터로 두고 콘텐츠를 만든 거죠. 조금 어려운 말로 '프로세스 이코노미(Process Economy)'라고 부르는데, 목표를 달성하는 프로세스를 콘텐츠로 만들면 그 과정에서 저를 응원해 주며 제가 목표를 달성하길 바라는 사람들이 생기거든요.

맞아요, 저도 SNS에서 가은 님의 이야기를 보면서 뒷이야기가 궁금해지더라고요. 이 사람은 어떻게 결말이 날까 하면서.

그런 응원들이 모여서 갭이어를 잘 보낼 수 있는 원동력이 됐죠. 제 이야기를 더 널리 알리는 계기가 되기도 했고요. 그렇게 외주를 하고 제 콘텐츠를 만들면서 지키고 싶었던 하나의 규칙이 있어요. '회사에서 할 수 있는 일은 하지 말자.' 왜냐하면 갭이어는 진로를 찾는 과정이니까, 회사에서 했던 일이나 회사에서 할 수 있는 일 말고 안 해 본 일, 혹은 앞으로 해 보고 싶은 일을 해야겠다고 생각했어요. 그 시간에는 좋은 결정을 하기 위해 선택과 집중으로 불필요한 것들을 소거해야 하는 거잖아요. 어떤 일을 해 보니까 '어? 이 일은 잘하네' 하고, 또 다른 일을 해 보고는 '어? 이 일은 나랑 잘 안 맞네' 하면서 선택지를 좁히는 거죠. 그러면서 제가 하고 싶은 일, 제가 나아가야 할 방향을 조금씩 구체화하기 시작했죠.

갭이어를 하는 동안 불안하진 않았어요? 많은 사람이 갭이어를 만류하는 이유가 명확한 결론을 내지 못한 채 시간만 버리기 때문이라고 말하는 걸 들었어요.

엄청 불안했죠. 하지만 꼭 필요한 시간이었어요. 다양한 직무를 거치면서 할 줄 아는 건 많아졌는데, 아이러니하게도 하고 싶은 일이 없었거든요. 제가 열렬히 좋아하고 원하는 일을 찾고 싶었어요. 그러려면 지금 잠깐 멈춰 서서 자신을 바라봐야 한다고 생각했죠. 일을 하는 동안에는 답을 내리기 어렵더라고요. 계속 같은 굴레에 갇히게 되니까요. 살면서 한 번쯤은 한 발짝 떨어져서 자신을 객관적으로 들여다보는 시간이 반드시 필요하다고 느껴요. 물론 이 과정이 불안정하고, 또 결과도 보장되지 않으니 다들 만류하는 거겠죠. 저는 갭이어를 성공적으로 보낸 편이지만, 누군가가 저를 따라 그냥 퇴사하겠다고 하면 말려요. 갭이어는 지쳐서 쉬는 시간이 아니라 치열하게 자신을 만나고 진로와 자아를 탐색하는 시간이거든요. 전보다 더 많은 에너지가 들어요. 불안함을 이겨 낼 배짱도 필요하고요. 그럴 각오가 됐다면 시도해도 좋죠. 저도 지금은 이렇게 당당하게 말하지만, 아침마다 강아지랑 산책하면서 불안한 마음을 다스렸어요. 그러다 공원에 나와 계신 모르는 어르신들한테 고민 상담도 자주 했고요.(웃음) 새벽에 잠도 안 와서 하늘 보고 울며 기도도 하고요. 너무 힘든 블랙홀 같은 시간들도 있었지만, 그럴 때마다 불안감에 가라앉는 대신 새로운 활동과 시도를 계속했어요. 행동, 소거, 선택을 반복하는 과정들이 제게는 큰 도움이 됐어요.

갭이어를 끝내면서 결정을 내릴 땐 어떤 것들을 고려했어요?

갭이어를 하면서 내린 결론 중 하나가 '크리에이터형 리더'가 되고 싶다는 생각이었어요. 꾸준히 제 생각을 표현하는 창작자인 동시에 엔터 콘

나 좋자고 하는 일인데요

너무 힘든 블랙홀 같은 시간들도 있었지만,
그럴 때마다 불안감에 가라앉는 대신
계속 뭐라도 했어요.

© 이가은

텐츠 비즈니스를 만들고 싶다는 꿈이 생겼거든요. 이걸 이루려면 오리지널 콘텐츠를 만드는 경험이 필요하겠더라고요. 저를 주인공으로 한 개인 콘텐츠는 갭이어 기간 동안 만들면서 가능성을 봤는데, 정말 오리지널 콘텐츠를 잘 만들 수 있는지 확인할 필요가 있었죠. 12월까지 콘텐츠 에이전시를 창업할지, 아니면 회사에서 이 일을 시작해 볼지 고민을 많이 했어요.

결국 창업은 하지 않고 회사에 들어갔는데, 무슨 이유였어요?

창업도 진지하게 고민했어요. 그런데 확신이 서지 않더라고요. 그래서 또 조언을 구했죠.(웃음) 마침 저와 비슷한 길을 걷고 있는 한 선배가 창업을 하지 않고 스타트업에 들어가서 새로운 도전을 하는 거예요. '저 사람은 창업을 할 수 있는 능력이 되는데, 왜 회사에 들어갔을까?' 싶어서 물었죠. 그랬더니 선배가 그러더라고요. '가은아, 나는 창업을 한 거야. 대신 회사라는 자원을 활용해서 내가 하고 싶은 일을 하고 있는 거지. 너는 왜 회사를 차리고 맨땅에 헤딩하는 것만 창업이라고 생각해? 자본과 규모를 활용해 봐. 나는 지금 수천억, 수조 단위의 창업을 하고 있는 거나 마찬가지야.' 그때 큰 충격을 받았어요. 아, 내가 생각하는 사고의 범위가 좁았구나. 그리고 돌아보니 회사의 시스템과 사업 구조를 이용해서 콘텐츠 비즈니스를 하는 사람들이 많더라고요. 하이브의 어도어 민희진 대표님이나 네이버 웹툰을 만든 김준구 대표님도 대표적인 사례죠. 쉽진 않겠지만, 큰 회사에서 원하는 일을 만들어 볼 수 있지 않을까 생각했어요. 그래서 그때부터 큰 규모와 시스템을 갖춘 회사들에 눈을 돌렸고요.

가은 님은 삶의 지금 단계에서 큰 회사가 필요하다고 생각해서 들어간 거네요.

이런 생각의 차이도 재미있는 것 같아요.

저는 여전히 대기업에 왔다고 생각하기보다는 '내 일을 하러 왔고, 여기서 내 사업을 할 거다'라고 생각하고 있어요. 단순히 대기업이라서 선택한 게 아니라, 내 일을 하기 위해서는 이 커다란 회사가 갖고 있는 환경, 인프라, 자본들이 필요했던 거죠.

회사 대표들이 '내가 회사의 주인이다'라는 생각을 갖고 일하라는데, 사실 잘 와닿지 않잖아요. 그런데 가은 님이 '내 일을 하러 왔다'라는 말을 하니까 굉장히 재미있고 신기하게 들리네요.

저는 그 말에 정말 공감해요. 회사도 직원들을 고용해 원하는 일을 하고 있지만, 직원도 회사를 이용해 자신의 일을 해야죠. 그 목적과 방향이 맞는 사람들이 한데 모여 팀을 이루고 일을 하는 거고요. 저도 제 손으로 직접 사업자등록을 하고 회사를 만드는 것만이 내 일이라고 좁게 생각했는데요. 그게 아니라 내 태도가 바뀌면 지금 하고 있는 일이 모두 내 일이 될 수 있더라고요. 자신의 방향과 맞는 회사에서 일을 하고 있다면, 내 일이 창업을 해 나가는 과정이며 이것이 사업을 이끄는 리더라는 사고의 전환이 제게 가장 큰 성장이었어요. 실제로 그 뒤로 시야가 많이 달라지더라고요. 일에서 막히는 지점이 등장했을 때 '내가 이 플랫폼을 만든 사람이라면 지금 이 상황에서 어떤 게 필요하다고 생각할까?' 같은 고민을 하면서 조금 더 능동적으로 일을 대하게 됐어요.

대표님들이 좋아하시겠는데요.

하지만 저 좋자고 하는 거니까요.(웃음)

그래서 12월에 갭이어를 끝내면서 회사를 선택한 거였군요.

네. 하고 싶은 일이 엔터 쪽이다 보니 엔터 기획사, 방송사, 콘텐츠 플랫폼사를 두고 고민을 많이 했어요. 제가 열심히 지원한 곳도 있었고, 운좋게 먼저 제안받은 곳도 있었죠. 갭이어를 마칠 당시에는 엔터 기획사에서 아티스트 콘텐츠를 경험하고 싶어서 하이브에 잠깐 있었고요. 현재는 오리지널 콘텐츠를 만들고 싶어서 네이버 NOW로 옮긴 지 1년이돼 가네요. 방송사 PD도 제게 진지한 옵션 중 하나였어요. 광고 회사를 나올 때만 해도 정말 너무 하고 싶던 일이었거든요. 무엇보다 제 모든 연차를 인정한 경력 PD로서의 과분한 제안이라 거절할 때 정말로 눈물이 났습니다.(웃음) 하지만 원하는 일을 하기 위해서는 플랫폼에서 콘텐츠 기획자로 있어야 한다고 생각했어요. 결정에 후회는 없고요.

큰 회사에서 콘텐츠 만드는 일은 어때요? 커리어에서 원했던 단계니 장점도 잘 느낄 것 같아요.

콘텐츠는 홀로 자생하기 어려워요. 미디어나 플랫폼을 잘 만나야 하죠. 둘의 믹스가 시너지가 나야만 창작자도 콘텐츠로 돈을 벌고 플랫폼도 비즈니스를 지속할 수 있다고 생각해요. 그런 의미에서 플랫폼의 방향이나 이 안에서 성공할 수 있는 창작자를 발견하고 콘텐츠를 기획하는게 제 역할일 거고요. 지금까지는 이 일이 아주 재미있습니다.

이야기하면서 느낀 게, 가온 님은 스스로에 대한 이해도가 굉장히 높은 것 같아요. 메타인지도 잘하고, 필요하고 원하는 것도 뭔지 잘 아는 느낌이고요.

그런 고민을 많이 하기 때문인 것 같아요. 저도 태어나자마자 저를 잘

나 좋자고 하는 일인데요

알았던 건 아니니까요. 원래 자기 자신을 발견하는 일은 고통스럽잖아요. 저는 그런 생각과 고민을 하면서 충분히 고통을 겪었으니, 남들보다는 저를 더 잘 안다고 생각해요. 천재가 아니고서야 본인이 좋아하는 일을 어떻게 단번에 알겠어요. 저는 천재가 아니라서 그런 시간이 반드시 필요했고, 그 과정에서 알게 된 저에게 필요한 것들을 잘 제시해 주는 편인 것 같아요.

본인이 원하는 모습이 100%라고 하면, 지금은 몇 % 정도에 와 있는 것 같나요?

음… 어려운 질문인데, 냉정하게 보면 30% 정도 와 있는 것 같아요.

생각보다 박하네요. 어떤 게 더 필요한 건가요?

사람들이 필요한 것 같아요. 제가 가고자 하는 방향으로 함께할 수 있는 사람들이요. 회사 안에서도 그렇고, 밖에서도 마찬가지예요. 그런데 오랜 시간 함께할 수 있는 동료를 찾는 일은 정말 어렵잖아요. 시간도 오래 걸리고요. 그래서 채워지려면 아직 좀 남았다고 생각해요. 동시에 그런 동료와 자산을 얻기 위해 실력도 키워야겠죠. 하고 싶은 게 많은 사람이라 새로운 일도 계속 시도해야 하는데, 그러려면 제가 가진 게 많아야 하잖아요. 아직은 쌓아 나가야 할 이야기들이 많이 남아 있는 것 같아요. 부단히 성장하고, 배우고, 쌓아 나가야 제가 원하는 다음 스테이지에 겨우겨우 도착할 수 있을 것 같거든요. 그러니 한참 멀었죠.

가은 님은 지금까지 그래 왔듯이, 앞으로도 마음대로 살아가시겠죠?

네, 저는 주위의 만류에도 불구하고 제가 원하는 경험과 일을 선택해 온

저에게 고마워요. 지금 아니다 싶은 것들은 과감하게 멈추고, 새로운 도전을 위해 저를 던졌던 지금까지의 삶이 제게 가장 잘 어울리는 모습이기도 하고요. 혹시 저처럼 하고 싶은 일을 찾아 헤매는 분들이 있다면, 자신과 만나는 시간을 많이 가지면 좋겠다고 말하고 싶어요. 자기 자신이 말해 줄 거예요. 어디로 가고 싶은지, 스스로 무엇을 원하는지. 대신 그게 무엇이든 행동으로 옮길 것. 다른 사람의 조언은 필요한 만큼 들을 것. 자신의 이야기를 더 많이 들어줄 것. 그러니 제 이야기도 너무 다 곧이곧대로 듣지는 마시라.(웃음)

나 좋자고 하는 일인데요

권자경

— *interviewee* —

우아한형제들
(배달의민족)
프로덕트 매니저

경력
8년 차

세상에 호기심이 많아 기자단 활동을 하던 학창 시절, 우연히 지원했던 카카오 인턴 생활이 촉매가 돼 IT 기업에 발을 들였다. 카카오에서의 서비스 운영과 기획 경험을 바탕으로 경력을 쌓다 새로운 도전을 위해 우아한형제들에 합류, 지금은 외식업 사장님들을 위한 포털 서비스인 '배민외식업광장'을 만드는 프로덕트 매니저(PM)로 근무하고 있다.

"유연함과 노련함으로
보이지 않는 일을 끌어안아요."

우리는 대부분 꿈꿔 본 적 없는 미래의 나 자신과 만나게 돼 있다. 이 책을 읽고 있을 당신도 마찬가지일 것이다. 당신의 오늘은 과거의 당신이 꿈꾸던 오늘인가? 아마 아닐 것이다. 이 책을 쓰고 있는 나도 마찬가지다. 한때 열렬히 꿈꾸던 과거의 나에 의하면 나는 이미 동북아시아를 휘젓는 국제 변호사가 됐어야 하지만, 지금은 열심히 아침 빈속에 아이스 아메리카노를 때려 넣는 직장인일 뿐이니까.

우리가 꿈꾸던 미래를 만날 수 없는 이유는 단순하다. 스스로 세운 계획의 대부분은 계획대로 실현되기 어렵기 때문이며, 동시에 지금의 우리가 알고 있는 것으로 미래를 예측하는 일이 아무 소용 없기 때문이다. 세상 앞에서 작고 무지한 내가 세운 계획과 예측한 미래가 정확해야 얼마나 정확하겠는가. 우리 삶은 눈 앞의 작은 결정들로 만들어진 근사치의 미래로 향할 뿐이며, 그렇게 만들어진 오늘을 인정하고 조금씩 가꾸어 나가는 게 더 나은 미래를 맞이하는 최소한의 몸부림일 것이다.

요즘은 그나마 상상할 수 있었던 미래의 시간조차도 점점 더 짧아지고 있다. 불과 얼마 전만 해도 글 쓰는 일을 당분간의 직업으로 삼아야겠다고 다짐했는데, 최근엔 나보다 삼행시와 소설을 훨씬 더 잘 쓰는 AI가 등장해 당황했다. 글을 쓰는 직업조차 내가 꿈꾼 직업이 아니었는데, 돌고 돌아 마주한 오늘조차도 유지하기 힘든 세상이라니. 꿈꿔 본 적 없는 미래를 마주하고, 그 미래에 안주할 수 없는 이 현실이 어쩌면 이 시대의 불안을 키우는 굴레가 아닐까 생각했다.

본인이 꿈꿔 본 적 없는 미래를 마주하고도 그 일상에 제법 만족하고 있는 사람이 있다면 그건 누굴까? 아마도 그에게 우연히 들이닥친 오늘이, 누군가의 미래이자 꿈이 된 경우일 것이다. IT 회사에 일하며 이 케이스에 꼭 들어맞는 경우는 딱 두 가지뿐이었다. 바로, 개발자와 PM이다.

바야흐로 PM의 시대다. 개발자야 말할 것도 없지만, 많은 회사가 IT 회사화되면서 IT 제품을 만드는 사람들에 대한 관심과 수요가 폭증한 탓일 터다. 그러나 내가 학교를 다니던 어느 시대는 PM이 장래 희망인 사람은 단 1명도 찾아볼 수 없는 시대였다. 모두의 꿈이 자동차와 휴대폰을 만드는 대기업에 들어가는 것이던 시절 속에서 그 누구도 PM이 되고 싶다고 외치는 이는 없었지만, 이제는 모든 기업이 PM을 원한다. 나아가 PM이 되는 게 대기업에 들어가는 등용문처럼 여겨지고 있다.

나는 이 광경이 너무 흥미로웠다. 오늘날의 '대IT 시대'를 이끌고 있는 PM들은 모두 PM을 꿈꾼 적이 없는 사람들이다. PM을 꿈꾸거나 취업에 성공해 기뻐하는 일은 불과 1~2년 사이에 벌어진 일이다. 내가 아는 PM들은 모두 흘러 들어왔다. 어떤 이는 실패와 좌절을 맛보고 PM이 됐고, 어떤 이는 아무도 하지 않던 일을 맡아서 하다가 정신을 차려 보니 PM이 돼 있었다. 다른 미래를 꿈꾸며 방황하던 이들이 누군가의 꿈이 되는 이 현실이, 한편 모든 취업 시장에서는 PM이 되기 위한 왕도를 가르치고 있는 이 초현실적인 오늘이 너무 흥미로웠다.

내가 만난 권자경도 흘러 흘러 PM이 된 사람이었다. 그녀의 과거에서도 PM이 꿈이던 시절은 없었다. 지금은 모두가 꿈꾸는 직업과 회사를 당시의 어른들은 반대하고 불안해했다면 믿겠는가. 그녀와 이야기를 나누며, 우리는 어떻게 이 미래에 흘러 들어왔는지를 훑기 시작했다.

어떤 일을 하고 계시는지 간단하게 설명해 주세요.

우아한형제들에서 PM을 맡고 있습니다. '배민외식업광장'이라는 서비스를 담당하고 있고요.

배달의민족이라고 하면 배달시켜 먹는 고객들만 생각했는데, 자세히 들여다보니 정말 다양한 이해관계자가 있더라고요.

배민외식업광장도 그 연장선에 있어요. 외식업을 지탱하는 한 축에는 당연하게도 외식업 가게를 운영하는 사장님들이 계신데, 그중에서도 배민외식업광장은 사장님들과 외식업 관계자분들을 위한 서비스를 제공해요. 사장님들에게 당장 필요한 콘텐츠들부터 장사에 도움을 줄 수 있는 다양한 정보들을 제공하는 서비스죠.

배민외식업광장에서 주로 어떤 일을 하시는 거예요?

사장님들이 장사에 대한 고민을 해결하고, 장사를 더 잘할 수 있도록 돕는 모든 일이라고 해야 할까요. 사장님들이 더 많이 방문해 주시면 그게 보람이자 성과고요.(웃음) 장사를 하다 보면 정보를 얻는 창구가 마땅하지 않을 때가 많아요. 외롭기도 하고요. 그래서 최근에는 사장님들이 서로 소통하고 참여할 수 있는 기능들을 개발하는 데 참여했어요. 장사에 대한 정보도 나누고, 다른 사장님들은 어떻게 장사하고 있는지 생생한 소식도 들을 수 있게끔요. 예를 들어 연휴 때 사장님들은 어떻게 쉬는지, 보통 몇 시간이나 일하는지, 순이익은 얼마나 남는지 같은 것들을 묻고 대답할 수 있죠.

이렇게 질문하면 좀 이상할 수도 있지만, IT 회사가 아닌 곳에 있는 사람들이 들으면 이해가 잘 안 되는 직무일 것 같아요. PM은 무슨 일을 하는 사람인지 더 설명해 주세요.

배달의민족 같은 서비스들은 손에 만져지는 제품이 없죠. 물론 배민은 재미있는 굿즈도 많이 만드는 회사지만, 기본적으로 고객들이 서비스를 이용하려면 앱을 써야 해요. PM이 쓴 문서를 바탕으로 디자이너가 인터페이스를 만들고, 실제로 작동할 수 있도록 개발자가 프로그래밍을 합니다. 그래서 제품이 만들어질 때 이 모든 과정을 관리하고 기획하고 목표를 달성하는 사람을 PM(Product Manager)이라고 불러요. 조금 더 어렵게 말하면, 목표를 달성하기 위해 가장 먼저 해결해야 하는 중요한 문제가 무엇인지 정의하고 해결하는 사람이라고도 할 수 있어요. 이 과정에서 정말 많은 일이 벌어져요. 시간이 부족할 수도 있고 예상하지 못했던 문제나 버그가 발생할 수도 있지만, 그럼에도 불구하고 목표를 달성할 수 있도록 함께 일하는 사람들을 설득하고 조율하는 역할도 하죠.

PM은 회의가 정말 많은 직무인 것 같다는 생각이 들었는데, 다 그런 업무들의

연장선이군요.

회의도 많고요, 서류 작업도 많고요, 지표를 볼 때는 엑셀이나 숫자를 보기도 하죠.

서비스를 만드는 과정과 순서도 궁금해요.

먼저 문제 정의부터 해요. '지금 뭐가 문제지?'는 다시 말하면 '더 잘하려면 뭘 바꿔야 하지?'이기도 하거든요. 서비스에서 달성하고자 하는 목표가 있는데, PM은 일단 그 목표를 달성하기 위해서 지금 아쉽거나 더잘해야 하는 것들을 발견하고 문제를 정의하는 일부터 시작해요. 이때시장 조사도 하고, 데이터 분석도 해 보고, 사용자 인터뷰도 해요. 내부에서 보이는 문제도 있지만 외부에서 보이는 문제들도 있으니까요. 그다음에는 치열한 회의를 통해서 이 문제를 어떻게 해결할 수 있을지 논의해요. 예를 들어 사람들이 요즘 우리가 만든 콘텐츠를 잘 안 보는 것같다고 느끼면, 콘텐츠를 더 잘 볼 수 있게끔 다양한 방법을 고민하죠.이때 PM이 혼자 고민하는 경우도 있지만 과제에 따라서는 디자인, 개발, 에디터 등 다양한 분야의 사람들과 논의하면서 의견을 모으기도 해요. '어떻게 이 문제를 해결하지?'라는 생각에서부터 시작해서 가설을세우고 방향성을 잡으면 실행에 옮기죠. 이 과정에서 정말 우당탕 별일이 다 생겨요. 지금까지 뭔가 원활하게 진행돼 왔다? 그럼 곧 문제가 생길 거라는 말이에요.(웃음) 아무런 일도 생기지 않는 일이란 없어요. 그렇게 개발을 하고 실행까지 마치면, 우리가 세웠던 가설이 맞았는지 체크해 봐요. 실제로 사용자들이 우리가 생각했던 대로 반응하는지, 만약아니라면 다시 처음부터 사이클을 시작하는 거죠. '지금 뭐가 문제지?'에서 다시 실행까지. 이 과정을 반복하면서 더 좋은 답을 찾고, 결국에는

나 좋자고 하는 일인데요

조직의 목표를 달성하는 게 PM의 역할이라고 생각하면 됩니다.

말이야 이렇게 하지만… 그래도 경험하기 전까지는 이해하기 어려운 게 PM의 업무인 것 같아요.

맞아요. 그래서 저도 부모님한테 설명할 때는 IT 회사에서 개발이랑 디자인 빼고 나머지 다 한다고 말해요. 부모님이 더 쓰기 편한 서비스를 만들기 위해서 무엇이 문제인지 고민하고 해결하는 역할이라고 하면 그래도 어렴풋이 이해하시는 것 같더라고요.

부모님 세대는 이런 일들이 더더욱 어색하겠죠. 사실 우리만 해도 어렸을 때는 이런 일이 있는지도 몰랐잖아요.

요즘이야 PM이라는 단어가 익숙해져서 취준생들이 PM 하고 싶다고 하지만, 제가 대학에 입학할 때만 해도 낯선 개념이었어요. PM 하고 싶다고 생각해 본 적도 없었고요. 저는 경영학과를 나왔는데, 어떤 직업을 선택할지 몰라서 고른 학과였어요. 고작 20살 때 선택한 전공으로 평생의 직업을 결정지을 수 없다고 생각했고, 나중에 어떤 일을 하게 될지 모르니 최대한 널리 쓰이는 전공을 배워야겠다고 생각했죠. 물론 그게 PM을 염두에 둔 건 절대 아니었고요.(웃음)

실제로 PM 업무가 전공의 영향을 받나요? 문과생인데 PM을 하고 싶어 하는 친구들은 오히려 전공을 걱정하더라고요.

개발 용어를 알면 도움은 되겠지만, 그건 나중에 얼마든지 배울 수 있어요. 저도 그랬잖아요. 어떤 특정 전공 지식보다는 소프트 스킬이 더 중요해요. 커뮤니케이션, 책임감, 실행력, 기획력 같은 능력들이라고나 할까요. 함께 일하는 분들도 전공이 굉장히 다양해요. 어떤 분은 사진을 전공했고, 어떤 분은 간호학을 전공했는데 지금은 다 같이 PM을 하고 있죠.

그럼 자경 님은 어떻게 PM이 된 건가요? 아무리 폭 넓게 직업을 선택했다 하더라도 계기가 있을 것 같아요.

직업 탐구를 정말 많이 했던 것 같아요. 특히 주변에 선배나 친구들이 새로운 일을 한다고 하면 엄청 관심 있게 찾아봤어요. 누가 이번에 무슨 시험을 준비했는데 뭐가 됐다더라, TV에 어떤 직업이 나왔는데 재미있어 보이더라 하면 그 직업을 인터넷이나 책으로 엄청 찾아보고 '내가 이 직업을 할 수 있을까?' 같은 생각들을 많이 했어요. 누가 좋은 회사에 취업했다고 하면 회사 후기 같은 것들을 모아 둔 사이트에 들어가서 실제로 어떤 회사인지 찾아보고 '내가 저 회사를 다닐 수 있을까?' 하면서 머릿속으로 상상하는 일을 수시로 했죠. 왜 그랬는지는 모르겠는데, 그게 정말 재미있었어요. 하도 많은 직업을 상상하니까, 나중에는 직업을 하나만 하면서 사는 게 너무 아깝다는 생각이 들기도 했어요. '1년마다 직업을 한 번씩 바꾸면 어떨까?' 이런 생각도 했고요.

학생 때 기자단 활동도 하셨다고요.

대학생 때 기자단 생활을 했어요. 제 기준에는 꽤 괜찮은 알바기도 했고, 또 나름 재능이 있다고 생각했거든요. 제가 궁금한 건 끝까지 물고 늘어지는 성격인데, 그런 성격이 취재력이 되기도 했고요. 사전에 정보를 수집하거나 내가 쓴 글을 사람들이 이해하기 쉽도록 구성하는 걸 그때 배웠죠. 논리적으로 글을 쓰고 커뮤니케이션하는 것도 배웠고요. 생각해

그때 느꼈어요.
아, 어쩌면 내가 남들과는 조금 다른 기준을
가졌을 수도 있겠구나.

보면 이때 PM에게 필요한 것들을 많이 배웠던 것 같아요.

재능을 보였던 일이었으니 직업으로도 생각했을 것 같아요.

기자도 잠깐 고민했죠. 동시에 IT 분야에도 관심이 있었어요. 기자도 IT도 새로운 경험을 할 수 있는 데다 지식도 쌓을 수 있을 것 같았거든요. 그런데 기자는 플랫폼에 들어갈 콘텐츠를 만드는 역할이고, 플랫폼은 그 콘텐츠를 담는 그릇의 역할이잖아요. 콘텐츠를 만드는 건 사이드 잡이나 다른 걸로도 할 수 있지만 플랫폼을 만드는 일은 좀처럼 경험할 수 없을 것 같았어요. 인턴 면접을 보면서 많은 회사를 지원했는데, 그때 우연히 카카오에서 인턴을 할 기회가 생겼죠. 그렇게 IT 기업에 발을 들이게 되면서 PM이라는 직무와 조금 더 가까워졌어요. 자연스럽게 기자는 안 하게 됐고요.(웃음)

태어나서 처음 해 보는 일인데, 어색하거나 어렵지는 않았나요?

정말 재미있었어요. 아까 말했듯이 저는 새로운 일에 대한 호기심이 정말 많았거든요. 게다가 첫 인턴을 제주도에서 했는데, 그것도 정말 좋았어요.

제주도요?

네, 카카오는 제주도에도 회사가 있거든요. 면접 보는데, 담당자님이 '제주도 가면 되게 좋을 것 같지만, 막상 가면 외롭고 지루할 수 있어요. 오히려 안 좋을 수도 있어요'라고 말하기도 했어요. 실제로 제 동기들은 가족이랑 친구들 너무 보고 싶어 하고 지루해했는데 저는 전혀 아니었

나 좋자고 하는 일인데요

어요. 원래 내향적인 성격이다 보니 집 밖으로 나가지 않아도 되는 게 너무 좋았고, 또 교통 체증도 없고, 집 앞에서 셔틀 타면 한라산 넘어서 회사 가는 생활이 너무 평화롭고 좋았죠. 예전에 리투아니아에 교환 학생으로 갔던 적이 있는데, 그때도 다른 친구들은 힘들어 하는데 저는 너무 좋았어요. 관광지가 많은 곳도 아닌 데다 인종 차별도 조금 심하다 보니 다른 친구들은 꺼려했는데, 저는 물가도 싸고 할 것도 많고 재미있더라고요. 그때 느꼈어요. 아, 어쩌면 내가 남들과는 조금 다른 기준을 가졌을 수도 있겠구나. 그러면 자신감을 갖고 남들의 말보다는 내 기준대로 선택하고 결정해도 되겠다.

어린 나이에 미래가 불확실하면 흔들리기 쉬운데, 그런 고집을 가진다는 것도 신기하네요.

은근 고집이 있는 편이었어요. 제가 제주도로 인턴 간다고 했을 때 부모님이 엄청 싫어하셨어요. 당시엔 카카오가 지금처럼 큰 규모의 회사도 아닌 데다가 딸이 혼자 제주도로 일하러 간다고 하니 별로 내키지 않으셨던 거죠. 그런데 저는 가고 싶었거든요. 부모님이 가지 말라고 했지만, 이건 좀 각오를 하고 통보를 해야겠다.

합격했으니 갈 거라고 통보하셨던 거군요.

아뇨, 난 이미 제주도니까 그렇게 알라고 했죠.(웃음) 만약 그때 부모님 말 듣고 카카오에 안 갔다면 얼마나 땅을 치고 후회했겠어요. 부모님도 원망했을 테니 사이도 안 좋아졌을 거고. 부모님의 말이 항상 옳은 건 아니고, 충분히 고민하고 결정 내린 거니 제 결정이 맞을 거란 확신이 있었는데 실제로 그렇게 되니 기분이 좋았죠.

그때의 고집 덕분에 지금의 PM 권자경이 있는 거군요.

그런 셈이죠. 사실 카카오는 그전에 잡지사에서 일할 때 몇 번 경험해
본 적이 있었어요. 지금은 없어진 스토리펀딩과 스토리볼이라는 서비스
에서 글을 연재하고 제휴했던 적이 있는데, 그때 다음(Daum) 포털 메인
에 콘텐츠가 걸리는 경험을 하면서 IT 회사에 더 관심을 갖게 됐죠. '아,
IT 회사에는 개발자만 있는 줄 알았는데, 이런 일을 하는 사람들도 있구
나. 내 적성에 맞는 업무가 드디어 생겼구나!' 하면서요. 카카오에 인턴
으로 들어가서 했던 일도 비슷한 일이었어요. 다음 포털 첫 화면에 콘텐
츠를 수동으로 큐레이션하고 콘텐츠를 제작하는 일도 했는데, 이 일을
하면서 서비스 기획 업무, 그러니까 서비스를 만드는 업무에 조금씩 관
심을 갖기 시작했죠. 인턴이 끝나고 나서 꼭 이 팀에 자리가 나면 좋겠
다고 생각했는데 채용 공고가 났길래 지원했죠. 그게 카카오에서 본격
적인 커리어의 시작이었어요. 재미있는 건, 회사에 들어가 보니 PM 선
배들 중에 기자 출신이 많더라고요. 옛날에는 다음 포털에서 기사를 직
접 작성한 적이 있어서 기자 출신이거나 콘텐츠를 만들던 분들이 직무
전환을 하신 경우가 많다고 하더라고요.

콘텐츠와 관련된 PM을 하시게 된 것도 그때의 경험 덕분이겠네요.

저는 무조건 콘텐츠와 관련된 프로덕트를 만들고 싶었어요. 제 지난 경
험들 덕분이기도 했지만, 배울 수 있는 것도 많았거든요. 당시 카카오가
콘텐츠를 매우 중요하게 여기던 곳이기도 했고, 또 제가 경험하면서 얻
은 여러 인사이트가 다 콘텐츠와 관련이 있다 보니 PM을 하더라도 꼭
콘텐츠와 관련된 일을 하고 싶다고 생각했죠. 콘텐츠를 만드는 일만 하
다가 플랫폼의 입장을 경험해 본 것도 신선하고 충격적이었어요. 사용

나 좋자고 하는 일인데요

자에서 벗어나 공급자가 되면 보이는 것들이 있거든요. 인턴할 때 첫 화면에 어떤 콘텐츠를 보여 줄지 고민하는 과정이 있었는데, 이때 제가 콘텐츠를 고르고 띄운 순간부터 사용자들이 얼마나 들어와서 보는지 주식 그래프처럼 좌라락 바뀌는 경험을 했어요. 아무래도 카카오는 좀 커다란 서비스다 보니, 제목이나 이미지 하나만 바뀌어도 반응이 바로바로 바뀌거든요. 그걸 지켜보는 과정이 너무 재미있었어요. 같은 콘텐츠여도 내가 어떤 위치에, 어떻게 전시하느냐에 따라서 결과가 달라지니까 더 잘하려면 어떻게 해야 하는지 연구하게 됐고요. 지난주에는 성과가 좋았는데, 이번 주에도 성과가 좋으려면 지난주의 나를 이겨야 하니 더 치열하게 고민해야 하는 그 과정이 재미있었어요. 운영을 잘하는 사람들은 그런 어려움을 귀신같이 이겨 내고 더 좋은 결과를 만들어 내요. 그런 운영의 묘(妙)를 지켜보는 과정도 재미있었죠.

그때는 맛보기로 경험했던 거니까 재미있을 수 있겠지만, 실전은 또 다르잖아요. 처음에 PM 일을 하면서 가장 힘들었던 때는 언제였는지 궁금해요.

다 모를 때요. 아무런 지식도 없을 때. 그냥 계속 스스로 모자라다고 느낄 때가 많았어요. 새로운 문제를 풀어야 하는 일이니, 계속해서 모르는 일이 생길 수밖에 없어요. 또 PM은 협업을 하는 일이니, 나의 부족함으로 동료들이 고생하고 있을 땐 고통스럽기도 하죠. 그래서 최대한 모르는 건 빨리 알아내려고 하고, 어떻게든 해결하려고 해요. 이게 문제가 밖에 있거나 당장 해결할 수 있으면 그냥 하면 되는데 이건 스스로의 문제인 데다 시간이 걸리는 문제니 쉽게 고쳐지지가 않더라고요. 그래서 초반에는 마음고생을 엄청 했어요.

잘 알고 있던 직업이 아니었으니 더 그랬을 것도 같아요.

맞아요. 이 직업과 직무가 정확히 어떤 건지 모르고 제대로 이해하지 못한 채로 일을 하다 보니 자존감이 깎이기도 하고, 막막하고 좌절하고 싶은 순간들도 많았죠. 그래서 그때는 제가 맞지 않는 직업을 선택했다고 생각했어요. 제가 또 K-장녀거든요.(웃음) 그래서 그런지는 몰라도 책임감이 커서 힘들었던 순간들도 많아요. 직무에 과몰입을 하다 보면 모든 일이 제 탓 같고, 결국에는 제가 만들어 낸 책임감에 압도되는 경우가 많았죠. 나 때문에 사람들이 고생하고 나 때문에 회사가 망할 것 같은 생각을 하면서 그만해야 하나 싶었죠. 특히 PM은 당장 눈에 보이는 성과가 없고 대부분의 시간을 협업하는 분들과 회의를 하면서 보내기 때문에 결과도 체감하기 힘들 때가 많아요. 의견을 조율하는 업무를 하는 특성상, 여기저기서 욕 먹을 때도 있어요. 그래서 감정 노동자가 된 것 같다고 생각한 적도 많았어요.

다른 PM님의 이야기를 들어 보면 사회 초년생 때 정말 힘들었다는 말을 많이 하시더라고요.

모든 일이 처음 시작할 때 어렵겠지만, PM은 그 난이도가 더 높은 것 같아요. 일단 PM은 아까도 말했듯이 눈에 보이는 성과나 당장 해야 하는 일이 명료한 게 아니거든요. 게다가 일을 배우기가 어려워요. 최근에는 그래도 IT 기업에 오려는 분들이 많아지면서 다양한 콘텐츠가 생겨나고 개발 지식도 교양처럼 여겨지지만 제가 취업하던 때만 해도 그런 게 없었거든요. 그리고 PM의 일을 실제로 배울 수 있다고 해도 그건 실전에 투입되는 것과는 완전히 다른 이야기예요. PM은 경험치가 제일 중요해요. 지식과 용어는 그냥 그 상황을 이해할 때 필요한 수단이고, 문제를 해결하고 상황을 정리하는 건 경험과 인사이트에서 나오거든요. 그런데 경험이 없는 PM이 다 오랜 시간 일한 개발자, 디자이너, 기획자들과 함께 일하니 더 힘들 수밖에 없죠. 프로젝트를 이끌어 나가야 하는 사람이 막내이고 가장 무지한데, 또 그런 무지함을 무작정 배려 받을 수만은 없는 상황이니까요.

그래도 지금은 좋은 PM이 되셨잖아요. 어떻게 극복했어요?

시간이 필요했어요. 물어보기도 많이 물어봤고, 공부도 많이 했죠. 일단 검색을 엄청 많이 했어요. 어떤 단어를 만났는데 이해가 안 되면 먼저 사전이나 인터넷에 찾아보고, 메신저와 회사 문서에서 검색해서 사람들이 그 단어를 어떻게 쓰고 있는지, 내가 이해한 게 맞는지 찾아봤죠. 그래도 모르겠으면 그 단어를 들었을 때 이해 못 했다고 말하면서 당사자들에게 그때그때 물어봤어요. 그리고 개발 공부도 함께했어요. PM에게 개발 공부는 어쩔 수 없는 것 같아요. 물론 제가 개발을 잘할 정도로 배운 건 아니에요. 아주 간단한 것들만 배웠는데, 그래도 충분히 이해가 가는 지점들이 생기더라고요. 그리고 이건 영업 비밀인데, 개발자 콘퍼런스를 많이 보곤 했어요. 디자인 콘퍼런스도 재미있고요. 네이버나 카카오 같은 큰 회사들이 하는 콘퍼런스를 보면 도움되는 게 많아요. 물론 처음엔 상당 부분은 못 알아듣죠. 그리고 대부분은 딱딱한 개발 지식을 이용한 강의라 알아듣기도 어려워요. 하지만 그중에서 잘 가려내다 보면 비개발자들도 조금만 관심을 기울이면 이해할 수 있고 재미있게 들을 만한 내용들이 있어요. 예를 들면 최근에는 AI와 관련된 기술 소개들이 많이 나오는데, 재미있는 기술들이 많더라고요. 감상한 음악을 기반으로 다른 음악을 추천하는 알고리즘은 어떻게 만들어지는지, 성인물 이미지를 어떤 원리로 필터링해서 청소년 사용자를 지키는지 같은 것들도 재미있었어요. 카카오뱅크에서 소개했던 사례도 기억에 남아요. 카카오뱅크가 오픈하고서 가입자가 많이 몰렸어요. 주민등록증 인증을 사람이 해야 하는데 양이 너무 많아서 지치는 거예요. 그걸 해결하기 위해서 인증 절차를 마치 게임처럼 만드는 과정을 들었는데, 그런 이야기를 들을 때에는 문제 해결 방법들을 새롭게 배우는 기분이 들기도 해요. 이런 과정들을 거치면서 꾸준히 개발 지식을 늘렸어요.

나 좋자고 하는 일인데요

이건 업무적으로 극복한 영역이라면, 아까 말했던 정신적인 부분이나 다쳤던 마음을 회복하는 방법은 어떤 게 있었는지 궁금해요. 제 생각에 PM은 스트레스를 많이 받는 직업이라, 그만큼 스트레스를 잘 극복해야 한다고 생각하거든요.

원래는 스트레스에 약한 편인데, 회사를 오래 다니다 보니 내성이 생기더라고요. 생각해 보면 제 성격이 처음부터 PM이나 직장 생활을 하기에 아주 적합하진 않았던 것 같아요. 눈치도 많이 봤고, 사람들이 했던 말들을 오래도록 담아 두고 기억하는 사람이기도 했거든요. 또 PM은 빠르게 결정하고 실행하는 게 필요한데, 저는 워낙 신중하고 오래 고민하는 편이라 그런 부분들이 충돌을 만들어 내면서 스트레스도 많이 받았죠. 주로 나 혼자 모든 걸 해내야 한다는 책임감, 업무 완성도에서부터 오는 압박감이 스트레스로 이어졌고요. 도움이 많이 됐던 건 사내 심리 상담이었어요. 무료로 지원해 주는 게 있어서 10번 정도 받았는데, 스스로를 객관적으로 바라볼 수 있게 되더라고요.

직장인 심리 상담, 좋다고 이야기는 들었는데 직접 받아 본 적은 없어요. 도움이 많이 되나요?

저는 완전 추천합니다. 지금 바로 가서 당장 받으세요. 이 좋은 걸 많은 사람이 알았으면 좋겠어요.(웃음) 저 같은 경우는 정말 도움을 많이 받았어요. 사실 거기서 엄청난 솔루션을 주는 건 아니에요. 그냥 이야기를 뱉다 보면 스스로 문제를 정의하고 거기에서 깨달음을 얻게 되죠. 회사에서 내 말을 잘 들어 주는 사람 없잖아요. 다들 자기 이야기가 가장 중요하니까. 그런데 상담 가면 제 이야기만 한참 할 수 있고.(웃음) 그러면서 스스로에 대한 객관적인 이해가 가능해지더라고요. 저는 10번 정도 받으면서 저를 더 잘 이해하게 됐어요. 우선 업무 퀄리티에 대한 기대치

권자경

가 매우 높은 제 성향을 알게 됐죠. 그래서 제 업무 퀄리티가 별로면 엄청난 스트레스로 이어진다는 걸 알았어요. 모르는 게 많아서 걱정이었던 건, 아는 것과 모르는 것을 구별하고 정리하기 시작하면서 나아지기도 했어요. 모르는 건 배우면 되는구나! 이 단순한 원리를 깨닫기도 했고요. 또 책임감과 압박감 때문에 계획을 엄청 꼼꼼하게 세우는데, 이것도 제게 스트레스를 준다는 걸 알았어요. PM을 하다 보면 계획대로 되는 게 하나도 없거든요. 내가 모든 걸 통제할 수 없음을 인정하고, 완벽한 계획도 없다는 걸 인정하고 나서부터는 조금씩 나아졌죠. 대신 어느 순간부터는 감이 생기더라고요. '아, 이쯤에는 이런 문제가 생기겠구나' 하는….

자신에 대한 기준이 높다는 건 일을 더 잘할 수 있는 길일 테지만 한편으로는 자신을 더 힘들게 하는 일이기도 할 것 같네요.

다른 사람이 나를 괴롭히면 그 사람을 무시하거나 도망가거나 여러가지 방법이 있지만 스스로를 힘들게 하는 건 정말 방법이 없더라고요. 아무도 나를 괴롭히지 않는데, 나 혼자 나를 정말 열심히 괴롭히는 거니까요. 게다가 나는 24시간 동안 어디 가지 않고 내 옆에 붙어 있고요. 이런 습관은 오랜 시간 쌓인 마음의 습관 같은 거여서 바꾸기는 힘들지만, 오히려 그게 나를 성장시키고 지금의 나를 만든 습관일 거라는 생각이 들었어요. 성장하는 만큼 생기는 부작용이니까, 지금 나를 괴롭히고 있다면 성장하는 과정이라고 생각하자는 태도가 큰 도움이 됐어요.

자신을 괴롭히는 스트레스에서만 벗어날 수 있다면 된다는 말은, 반대로 이야기하면 주변에서 자경 님을 괴롭히는 환경은 아니라는 말처럼 들리기도 해요.

그게 좋은 회사의 첫 번째 조건인 것 같아요. 사람을 떠나게 만들지 않는 회사, 좋은 동료들이 있는 회사. 특히나 PM에게는 더더욱 중요한 조건이기도 해요. 좋은 동료 없이는 그 어떤 것도 해낼 수 없거든요. 좋은 사람이 회사에 들어왔을 때, 그 사람이 오래 머무를 수 있는 곳이라면 그게 좋은 회사고 또 복지겠죠. PM은 사람과 사람끼리 부대끼면서 일하는 업무예요. 기술이 가득한 IT 회사에서 결국 사람이 일한다는 건 아이러니하지만, 그렇게 부대끼면서 일하는 과정에서 성과도 나오고 성장도 있다고 생각해요. 좋은 동료가 옆에 있으면 성장도 빨리 할 수 있고요. 마음에 안 드는 지점이 있어도 동료가 좋다면 다 이겨 낼 수 있어요. 하지만 회사가 아무리 좋고 마음에 든다 할지라도 주변에 좋은 동료가 없으면 금방 무너지고 탈출을 꿈꾸는 게 회사 생활인 것 같아요. 다행스럽게도 지금은 제 주변에 좋은 동료들이 있어서, 저는 자신을 괴롭히는 일로부터만 자유로워지면 성장하면서 회사에 다닐 수 있는 거죠.

아무리 좋은 동료가 옆에 있어도, 내가 좋은 동료가 아니면 무용지물이잖아요. 좋은 동료는 좋은 사람이 만든다고 생각해요. 그런 의미에서 자경 님도 좋은 동료일지도 모르고요.

팀에 점점 비슷한 성향의 사람들이 모이는 것 같기도 하고요.(웃음)

제가 주변에서 본 좋은 PM은 결국 다른 사람들을 잘 설득해 원하는 방향으로 이끌어 가는 사람이었던 것 같아요. 그런 PM이 되려면 어떤 것들이 필요할까요.

지겨운 이야기일 수 있지만, 결국 데이터가 필요한 것 같아요. PM에게 데이터는 많은 사람을 설득할 때 들고 갈 수 있는 유용한 무기거든요. 말이나 생각으로만 설득하면 부딪힐 수 있어요. 사실 주장이라는 게 주관적이고, 서로의 주장에는 다 어느 정도 일리가 있잖아요. 데이터는 그런 일리가 있는 주장 중에서 누구의 말이 더 맞는지를 객관적으로 지지해 주죠. 싸울 일이 적어져요. 제가 어떤 가설을 세우고, 그 가설에 맞춰서 기획을 가져갈 때 데이터가 그 논리를 받쳐 주면 모두가 일단 '사실'을 중심으로 논의하게 되죠. 다른 동료들에게 힘을 줄 때도 쓰여요. 예를 들어 디자이너와 협업할 때 설득의 도구를 지원해 줄 수도 있어요. 2개의 시안이 있을 때 'A가 좋아, B가 좋아?'라고 물어보면 결국에는 취향으로 나뉘게 되거든요. 그런데 PM이 데이터로 'A안에서 고객들 반응이 더 좋았다는 증거가 있다'라고 말하면, 취향이 아닌 사실 기반으로 선택을 하게 되죠. 그럼 더 무난히 많은 허들을 넘을 수 있고, 문제 해결이라는 본질에 조금 더 가까이 갈 수 있어요.

그럼 데이터는 어떻게 공부해야 하나요?

이게 제일 어려운 것 같은데, 결국엔 경험인 것 같아요. 요즘 학생들을 만나 보면 데이터를 추출하는 툴을 배우려고 해요. 근데 툴은 어디까지나 툴이거든요. 추출하는 방법은 누구나 조금만 공부하면 쉽게 배울 수 있어요. 더 중요한 건 '어떤 데이터를 뽑을 것이냐' '뽑은 데이터로 어떤 가설을 검증할 것이냐' 같은 맥락의 영역이에요. 그런데 이런 것들은 경험이 충분하지 않으면 감각을 기르기 어렵죠. 데이터는 엑셀만 있어도 얼마든지 다루고 해석할 수 있어요. 군이 요즘 나오는 어려운 툴들을 배우지 않아도 된다는 거죠. 오히려 그런 방법론보다는 데이터에서 어떤 인사이트를 뽑아 낼 것인지, 문제와 이 데이터를 어떻게 연결하고 그 속에서 어떤 해답을 찾을 수 있는지를 고민하는 역량이 훨씬 더 중요해요. 그런데 학생 신분으로는 그런 걸 하기 어려우니까 조금 헤매게 되는 것 같고요. 데이터를 어떤 수단으로 활용할 것이냐가 가장 중요하고, 결국

나 좋자고 하는 일인데요

데이터를 이용하는 것도 사람을 설득하기 위해서라는 걸 알면 좋겠다고나 할까요.

결국에는 다 사람이군요.

예전에 같이 일하는 PM 친구와 비슷한 이야기를 한 적이 있어요. 어느날 갑자기 '짜잔! 제가 엄청난 기획안을 가져왔습니다!'라고 말하면 실제로 그게 엄청난 기획이라고 할지라도 모두가 반감을 가지게 되는 것같다고요. 물밑 작업이 필요한 거죠. 그게 설득을 위한 데이터를 모으는방법일 수도 있고요. 평소에 사람들과 인간관계를 원만하게 다지면서제가 가진 생각을 흘려 본다든지, 아니면 수다를 떨면서 아이디어를 모은 후 그 기획안에 대한 이야기를 편하게 나눠 본다든지 하는 과정들이필요한 거죠. 물론 지나치면 사내 정치가 되겠지만, PM에게는 그런 유연함이 좀 필요한 것 같아요. 사람들과 부딪히지 않고, 결국 함께하면서멋진 결과물을 만들어 내기 위한 유연함과 노련함 같은 것들.

최근 PM에 대한 관심이 높아지면서 PM을 하고 싶어 하는 주니어와 취준생들에게 어떤 환상이 있는 것 같아요. PM이 되면 다 해결될 것 같고, PM이 가장 멋있는 직무고….

어느 정도의 환상은 원동력이 될 수도 있죠. 그런데 저는 PM이란 직무에서는 그런 환상이 엄청 큰 독이 될 수 있다고 생각해요.

자경 님이랑 이야기하면서 저도 이미 환상이 쌓인걸요.

하지만 환상은 정말 곤란합니다. 왜냐하면 PM 업무의 상당 부분은 겉으로는 잡일처럼 보일 수 있거든요. 남들이 생각했을 때 사소하고 중요하지 않다고 생각하는 일도 해야 할 때가 있어요. 예를 들면 데이터를 분류하면서 단순 반복 업무를 해야 할 수도 있고, 끊임없이 메시지 보내면서 일정 확인하고, 아무도 안 하고 있어서 놓친 업무 구멍은 당연히 메워야 하고…. 환상이 있으면 이런 일들을 마주했을 때 현타를 맞게 되죠. '이건 내 업무 범위가 아니야!' 같은 마음을 갖게 해요. 왜냐하면 내가 생각한 PM은 지시하는 사람이거든. 누군가에게 업무를 시키고 큰 그림을 그리면서 멋지게 전략을 짜는 게 내 일이지, 이런 자잘한 업무들은 내 일이 아니라는 생각을 하게 되는 거죠. 하지만 저는 좋은 PM이라면 어떻게든 지금 내가 맡은 프로젝트를 성공시키기 위해 윤활유처럼 스며들어서 비어 있는 공간들을 다 채워야 한다고 생각해요. 프로젝트를 성공시킬 수 있다면 저는 정말 어떤 역할을 맡아도 상관없다고 생각하거든요. 그런데 PM을 신격화해서 어떤 환상을 갖고 회사에 들어오면 실제와 다른 모습에 실망하고, 그러면 회사 생활을 버티기도 힘들어지죠. 내가 지금 무슨 일을 하고 있는지도 모르겠고, 이상과 현실 사이에서 괴리도 오죠. 그래서 저는 PM이라는 직무가 널리 알려지는 건 좋지만, 그 뒷면의 이야기도 같이 알려져야 한다고 생각해요. 아무도 말해 주지 않는 음지에서의 일, 약간 더러운 면을 같이 알려 줘야 진짜 PM이 됐을 때에도 당황하지 않을 테니까.

특히 서비스 장애가 생기거나 버그가 생겼을 때 엄청 힘들어하는 PM들을 많이 봤어요.

아, 저 할 말 많아요.(웃음) 입사하고 두 달쯤 된 신입 사원일 때 처음 주어진 업무가 서비스를 종료하는 일이었어요. 업무는 생각보다 간단했어요. 서비스는 이미 종료가 예정돼 있었고, 고객들에게 종료를 알리는 이

나 좋자고 하는 일인데요

메일을 저녁 6시에 한꺼번에 보내는 일이었거든요. 아주 간단한 미션이 었는데, 메일을 보내고 얼마 지나지 않아서 회사 메신저에 글이 하나 올라오는 거예요. 지금 서비스 종료 메일을 10개 연속으로 받았다. 그리고 '어, 저도요' 같은 반응이 이어지는 거예요. 입사한 지 두 달 만에 대형 사고가 터진 건데 원인은 아무도 모르고, 내가 메일을 보냈으니까 내 탓인 것 같고, 사람들은 이미 다 퇴근했고…. 그래서 정말 눈물이 날 것 같은 기분으로 사과 메일을 보내고 사태를 수습하고 그랬죠. 지금 생각해 보면, 그 일이 큰일인 것과는 별개로 제가 냉정하게 대처할 수 있는 일이었는데 그러지 못했던 거죠. PM이 앞장서서 우왕좌왕하니까 개발자를 포함한 다른 사람들도 큰일이 났다고 생각하고 같이 우왕좌왕했는데, 그때 동료 한 분이 이야기를 해 주시더라고요. 이런 문제가 터졌을 때 PM이 당황하면 안 된다. 다른 사람들도 다 같이 놀라고 헤매게 되니까. 그런데 어떻게 당황을 안 해요. 당황을 하고 있는 지금 이 순간에도 메일이 계속 가고 있는데.(웃음) 이런 업무의 어렵고 힘든 단면들을 회사 밖에서는 알 수가 없죠. 그러니 들어오면 너무 힘들고, 당황스럽고, 도망치고 싶어지게 되고요.

PM이 침착해야 한다는 이야기를 들으니 IT 회사 조크가 하나 생각나요. 개발팀 사무실 벽에 '어? 금지'라고 써 있다는 말을 들은 적이 있는데, 정말 그런 반응 하나 들으면 모두가 당황하게 되잖아요. 자경 님의 연속 이메일 사건도 '어?'의 영역이었던 거네요.

지금이야 냉정하게 대처가 가능하죠. 이거 고칠 수 있나요, 고친다면 언제 고쳐지나요, 가장 빠른 시간이 언젠가요, 그럼 그사이에 이런 대응은 할 수 있나요…. 하지만 그때는 제가 생각한 대로 프로젝트를 통제할 수 없다는 사실이 저를 너무 힘들게 했던 것 같아요. 이런 장애나 버그는 사실 지금도 계속 터지고요. 그 모든 걸 어쨌든 PM이 수습해야 하죠. PM에게 다양한 경험이 필요하다는 건 이런 일들 때문이기도 하고요.

이런 경험들을 잘 쌓으려면 어떻게 해야 할까요.

회고와 자료 수집이 중요해요. 특히 회고 문화는 지금도 굉장히 중요하게 생각하는 영역이에요. 프로젝트가 끝나면 다 함께 회고 시간을 가지거든요. 회고라고 말하니 말이 좀 어렵게 느껴지지만 단순하게 생각하면 지난 프로젝트에서 좋았던 점, 아쉬웠던 점, 개선할 점 등을 이야기 나누는 자리예요. 지난 몇 주와 몇 달을 돌이켜보면서 '내가 이때 최선의 선택을 했는가?' '더 잘하기 위해서는 무엇이 필요했는가?' 같은 것들을 PM들과 이야기 나누는데, 이 시간이 성장에 큰 도움이 돼요. 일단 스스로의 업무 방식을 복기하기 때문에 실수를 반복하지 않게 되기도 하고요. 또 다른 분들의 회고를 같이 들으니까, 저 역시 그분들의 경험을 압축적으로 공감하고 흡수하게 되죠. 짧은 시간 동안 다양한 경험을 듣게 되는 일이니까요. 또 제가 하고 있는 고민에 대한 피드백도 받을 수 있고요. 사실 PM의 업무는 늘 정신없어요. 정신 차리고 보면 2주 지나 있고, 그 사이에 어떤 일들이 있었는지 기억하기도 어려운데 회고는 그런 것들을 되짚어 보게 해 주죠. 자료 조사도 마찬가지예요. 저는 회사에서 찾아볼 수 있는 자료들은 다 찾아보는 것 같아요. 다른 팀의 회의록도 많이 보고, 누군가가 열심히 정리해 놓은 문서들을 보면서 지식을 압축적으로 쌓아 둬요. 그러다 보면 시야가 넓어지고, 그전에는 보이지 않던 맥락들도 알 수 있게 되면서 더 나은 선택과 결정을 할 수 있게 돼요.

자경 님은 기록과 자료를 엄청 소중하게 여기시는 것 같아요.

아카이빙을 열심히 하는 편이에요. 온라인에 제 자료들을 정리해 두는데, 항상 용량이 부족해요. 모든 문서를 다 모아 두거든요. 옛날에 시험 봤던 것들, 누군가가 내게 줬던 피드백들, 그리고 태어나서 처음 받아 봤던 월급명세서 등 모든 것을 다 자료로 보관하려고 하죠. 사람들과의 대화도 많이 기록하고 녹음해 두기도 해요. 이런 태도들이 PM을 하는 데 도움이 되기도 하는 것 같아요.

자경 님은 일기도 목록으로 점 찍고 회의록처럼 쓰실 것 같아요.(웃음)

어떻게 알았지. 이제 그렇게밖에 글을 못 쓰는 사람이 된 것 같아요. 불렛이나 목록점이 없으면 글을 쓰지 못하는 사람이 됐어요. 논리적으로 끊어서, 전체 구조를 이해하기 편하게 쓰는 게 익숙해요. 어떻게 보면 PM의 직업병일 수도 있지만, 이제는 이런 글쓰기가 더 편해요. 일기도, 제가 쓴 기록들 대부분이 그래요. 이 인터뷰하기 전에 생각한 것도 다 목록으로 정리했어요.

그렇게 말씀하시지만, 사이드 프로젝트로 여러 권의 책을 엮은 걸로 알고 있었어요. 자경 님을 인터뷰하기 전에 망설였던 포인트였다고나 할까요. '나보다 인터뷰 잘하는 사람을 인터뷰해도 괜찮을까?' 같은 생각이 아주 잠깐 스쳐 갔거든요.

최근 몇 권의 책에 저자로 참여했어요. 저도 인터뷰집이었는데, 그때 제가 마침 하고 있던 고민들을 책으로 엮을 기회가 있어서 글을 쓰게 됐죠. 한 권은 PM이 어떤 일을 하는 사람인지에 대한 고민을 하고 있을 때 썼던 책이고, 다른 한 권은 이직할 때 스타트업에서 일하고 있는 사람들이 궁금해 그들을 인터뷰한 책이었어요. 책의 주제가 정해졌을 때, 머릿

속에 후보와 목차가 촤르륵 그려지더라고요. 저와 비슷한 일을 하는 친구들에게 제 일에 대해 물어보는 건 꽤 신기한 경험이었어요. 친한 친구들하고 이야기를 나눌 때 대부분 사소한 이야기를 나누지 일 이야기에 대해서 진지하게 나누는 경험은 사실 적잖아요. 그런데 친구들과 일 이야기를 나누니까 그들의 몰랐던 면도 알게 되고, 그러면서 직무에 대한 자존감이 높아지게 되더라고요. '아, 저 친구의 입을 빌려서 듣는 내 일은 이렇게 멋진 일이구나' '저 친구는 나와는 달리 이런 부분에서 경험을 쌓으며 멋지게 성장하고 있구나' 같은 깨달음을 얻으면서 저도 그들의 태도를 흡수하고 성장하는 계기가 됐죠. 돈과 부귀영화를 위해 책을 썼다기보다는, 스스로의 성장을 위해서 책이라는 수단을 활용했다고 보는 게 맞을 것 같네요. 목적은 달성했고요.(웃음)

저도 그래서 인터뷰를 좋아해요. 인터뷰라는 형식이 만들어 내는 또 다른 본질이 있다고나 할까요. 각을 잡고 뭔가에 임했을 때 나오는 우연한 생각들, 그리고 말하면서 정리되는 생각들이 서로에게 좋은 자극을 주니까.

지금 인터뷰도 그런 의미에서 또 서로에게 성장을 주는 것 같네요.

최근에 몰두하고 있는 일이 있는지 궁금해요.

요즘 계절감을 느끼는 일을 하고 있어요. 제가 작년 초에 온라인 강의를

나 좋자고 하는 일인데요

찍을 일이 있었는데 생각보다 과정이 너무 힘들어서 벚꽃 한번 제대로 보지 못하고 집에서 시간을 다 보냈거든요. 평소에는 벚꽃 그렇게 관심도 없었는데, 갑자기 내가 올해 벚꽃을 한 번도 보지 못하고 계절을 보냈다는 게 사무치게 억울한 거예요. 그해 봄은 제 생에 단 한 번뿐인 봄이잖아요. 그런데 그 봄을 제대로 느껴 보지도 못하고 그냥 보냈다는 게 용납이 안 되더라고요. 주변에 엄청 말하고 다녔어요. '나 벚꽃도 못 봤어!'라고요. 그래서 요즘은 억지로 혼자 나가거나 친구들하고 같이 계절을 느끼는 일에 몰두하고 있어요. 친구가 너무 덥거나 춥다고 투덜대도 저는 좋았어요. 이 계절의 온도를 온전히 느끼고 있는 거니까.

마지막 질문이에요. 요즘 '네카라쿠배'라고 말하면서 IT 회사의 PM을 꿈꾸는 사람들이 정말 많다고 느껴요. 어떤 학생이 자경 님에게 와서 'PM이 되고 싶어요'라고 말한다면, 무엇을 가장 먼저 물어보시겠어요?

이 직업이 어떤 일을 하는 직업인지 제대로 파악했는지를 물어보고 싶네요. 디자이너나 마케터처럼 성과가 겉으로 잘 보이는 직업들은 상상했던 일과 실제로 회사에서 하는 일의 격차가 크지 않을 수 있어요. 물론 다들 어느 정도의 차이는 있겠지만, PM은 그중에서도 격차가 가장 큰 것 같아요. 내가 어떤 규모의 회사에 들어가는지, 어떤 서비스를 맡게 되는지, 어떤 리더와 동료를 만나게 되는지에 따라서 하는 업무가 너무나 많이 달라질 수 있고, 그 때문에 처음 생각과 달리 동력을 잃고 쉽게 지치고 힘들어할 수 있어요. 그래서 나한테 맞는 서비스, 산업, 회사를 찾는 일이 PM이 되겠다는 마음보다 훨씬 더 중요하다고 생각해요. 큰 회사라서 무조건 좋고, 작은 회사라서 무조건 나쁜 것도 아니거든요. 결국 PM은 크고 작은 사업을 다 겪어 봐야 하지만, 지금 PM을 할 때 내게 어떤 게 가장 잘 맞는 일인지 판단하고 고민하는 과정이 꼭 필요해요.

업무의 정체를 잘 모르고 달려드는 사람들이 많다는 이야기군요.

맞아요. 근데 그게 그들의 문제는 아니고, PM의 업무 자체가 외부로 알려지기 어려운 점이 많은 것 같아요. 회사의 중요한 이야기를 다루다 보니 외부에 공개하기 어려운 내용들이 많은 것도 한몫하고요. 또 업무의 정체가 애매하기도 하죠. 당장 오늘만 해도 제가 일하면서 기획서를 쓰진 않았거든요. 누군가는 PM이 매일 기획서를 쓰고 누구 앞에서 멋지게 브리핑을 하고 업무 지시를 한다고 생각하지만, 저는 오늘 그저 누가 질문하면 열심히 답변하고, 프로젝트 일정 맞춰야 하니 담당자들 쪼고, 회의하면서 회의록 쓰는 그런 과정들을 거쳤을 뿐인데 이런 것들은 잘 알려져 있지 않죠. 그래서 제일 좋은 건 주변에서 PM을 만날 수 있다면 그 사람을 붙잡고 이것저것 끈질기게 물어보는 게 좋아요. 다양한 PM을 만날 수 있다면 더더욱 좋고요. 이런 업무의 뒷면을 보려는 노력이 없이 다듬어진 면만 좋아서 선택한다면 나중에 입사해서 피눈물 흘릴 수 있다는 걸 꼭 말하고 싶네요. 저처럼요.

하지만 직장인이라면 피눈물쯤은 흘려 줘야 하지 않을까요?

그럼요. 이렇게 말하는 저조차도 지키지 못했던 일인걸요. 결국 의지가 있다면 이겨 낼 수 있을 겁니다. 눈물 좀 흘리면 그만이죠.

나 좋자고 하는 일인데요

정보현

— *interviewee* —

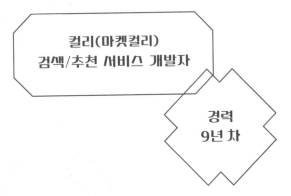

컬리(마켓컬리)
검색/추천 서비스 개발자

경력
9년 차

영상학과를 졸업하고 개발자가 됐다. 학창 시절 경험했던 개발자 양성 프로그램을 통해 인턴으로 개발자 커리어를 시작해 네이버와 카카오라는 국내 거대 IT 기업을 모두 거쳐 현재는 컬리에서 검색 서비스 엔지니어로 일하고 있다. '코드에도 시(詩)적인 가능성이 있다'라는 말로 본인의 생각을 표현한 그는, 개발뿐 아니라 개발과 코딩을 이해한 사람이 기여할 수 있는 다양한 일에 관심을 갖고 자신의 미래를 그려 나가고 있다.

"경험 위에 쌓은 새로운 경험이
더 높은 곳으로 이끌어 줄 겁니다."

'네카라쿠배'라는 말이 탄생한 건 불과 얼마 전이다. '서연고서성한~'으로 시작되는 대학 서열에 이어, 서열화시키기를 좋아하는 국민성이 만들어 낸 이 정체 불명의 벌스(Verse)는 취준생들이 가고 싶어 하는 IT 기업의 순위를 말하는 하나의 고유 명사가 됐다.

이 낯설고도 익숙한 서열화는 개발자 공급 부족을 필두로 한 채용난에서부터 시작됐다. 모두가 개발자가 되고 싶어 하는 시대, 컴퓨터를 전공하지 않은 수많은 문과생과 비전공생조차도 개발을 하게 만드는 시대 속의 모든 예비 개발자는 '네카라쿠배'에 가고 싶어 한다. 이유는 하나, 바로 돈.

'초봉 6천부터 시작하는 네카라쿠배 개발자로 커리어 세탁하고 취업하기.' 이 카피는 얼마 전, 페이스북에서 본 광고 카피를 토씨 하나 틀리지 않고 옮긴 것이다. 이 카피를 보면 많은 사람이 움찔한다. 초봉 6천이라니, 어지간한 대기업이 아니고서는 받기 힘든 금액에 많은 직장인이 움찔한다. 게다가 네카라쿠배라니, 커리어를 세탁한다니. 자극적인 문구 속에서 네카라쿠배 개발자가 되는 일은 편안하고 안락한 삶을 추구하기

나 좋자고 하는 일인데요

위한 또 하나의 안전망이 돼 버렸다.

그러나 정작 회사에서 만나는 개발자들 중 '돈 벌고 싶어서' 개발자가 됐다는 사람은 많지 않았다. 대부분은 개발이 좋아서, 전공이 개발이라 선택한 직업이었다. 그런데 하던 일이 돈이 안 돼서, IT 기업으로 취업하기 위해서, 요즘 개발자 하면 돈 많이 번다고 해서 개발자라는 직업을 선택하는 이들이 늘고 있다. 이들을 무작정 비판할 수는 없지만, 마치 개발자가 중산층의 새로운 등용문처럼 여겨지는 지금의 현실에서 누군가는 경종을 울려야 하는 게 아닐까 생각했다.

돈이 아니라, 대기업이라서가 아니라, 정말로 개발이 좋아서 개발자가 되기로 한 비전공생은 없을까. 개발을 전공하지 않았는데 개발의 매력에 빠져서 새로운 도전을 하고, 그 도전 끝에 멋진 개발자가 된 사람은 없을까. 만약 그런 사람의 이야기를 다룰 수 있다면, 적어도 지난날을 청산하고 개발자가 되려는 수많은 도전자에게도 응원과 위로를 줄 수 있을 거라 생각했다.

수소문 끝에, 정보현 개발자를 만났다. 영상학과를 졸업하고 개발자가 된 그는 내가 알고 있던 여느 개발자들과는 조금 다른 느낌이었다. 모든 개발자가 그런 건 아니지만, 회사에서 마주치는 개발자들은 전형적인 공통점을 갖고 있다. 말수가 적다든지, 감정 표현이 없다든지, 묘하게 건조하고 성의 없어 보인다든지(하지만 실제로는 매우 성의 있었던) 하는 대다수의 개발자가 갖고 있는 특성을 그는 지니고 있지 않았다. 오히려 그는 자신에게 있는 개발에 대한 이야기, 그의 표현을 빌리자면 '기술 사회' 속에서 살아가며, 코드라는 언어를 이해한 한 직장인에 대한 이야기를 하고 싶어 흥분해 있는 사람처럼 보였다.

비가 폭포처럼 내리던 강남의 어느 한 스튜디오에서 그를 만났다. 그는 어떤 마음으로 개발자가 됐는지, 개발과 코드의 어떤 매력에 빠져 영상학을 뒤로한 채 기술 사회에 뛰어들게 됐는지, 비전공생 출신으로 먼저 개발자가 된 그가 갖고 있는 시선은 무엇인지, 남은 미래의 모습을 어떻게 그리고 있는지, 빈틈없이 내리는 빗줄기처럼 그에게 질문을 쏟아내며 대화를 나눴다.

나 좋자고 하는 일인데요

'영상학과를 졸업하고 개발자가 됐다.' 사실 이 문장 하나 때문에 보현 님을 만나 보고 싶었어요. 비전공생이 개발자가 되는 과정이 늘 궁금했거든요.

저는 구태여 '비전공'이라고 말하지 않고 '타전공'이라고 말하는 편이긴 한데.(웃음) 비전공이라고 말하면 왠지 전공을 하지 않은 사람은 접근할 수 없는 성역처럼 들리잖아요. 개발자 커리어를 시작할 때 본인이 어떤 배경을 갖고 있는지, 어떤 뿌리가 있는지를 염두에 두고 그걸 잘 살리면 회사에도 기여하면서 즐겁게 일할 수 있다고 생각해요.

타전공이라는 말이 굉장히 신선하네요. '아닌' 것과 '다른' 것의 차이는 확실히 크죠.

비전공이라고 하면 그전에 있었던 모든 경험과 경력이 다 사라지는 것 같잖아요. 하지만 타전공이라고 하면 그전의 경험들을 승계해 나가는 느낌이 있죠. 예를 들어 문학을 전공했다면 언어에 강점이 있으니, 인공 지능에서 자연어 처리같이 보다 정확하고 맥락에 맞는 대화를 할 수 있 는 인공 지능 개발에 참여할 수도 있겠죠. 경영이나 경제학을 전공했다면 e커머스 같은 곳에서 생태계를 더 잘 이해하는 개발자가 될 수도 있고요. 타전공인 사람들이 본인들의 경력으로 실력을 발휘할 수 있는 여지가 충분히 있다고 생각하는데, 아직은 개발이 어떤 성역처럼 여겨져서 타전공자는 도전하기 어렵다는 인식이 더 많이 퍼져 있는 것 같아요. 하지만 타전공 출신 개발자들이 점차 많아지는 추세고 보편화되고 있으니, 앞으로는 비전공이라는 단어보다는 타전공이라는 단어가 더 맞는 개념이 되지 않을까 조심스럽게 생각합니다.

말씀 주신 것처럼, 개발자가 되기 위해서는 컴퓨터공학을 전공해야 한다는 인식이 아직까지는 일반적인 것 같아요.

경계가 흐려지고는 있지만, 지금까지는 분명히 그랬죠. 물론 전공을 했던 분들이 지식의 수준이 훨씬 더 높을 수는 있어요. 단순히 개발이나 코드에 대한 이해뿐 아니라 컴퓨터 자체에 대한 이해나 시스템에 대한 이해도 함께 갖고 있으니까요. 하지만 타전공생들이 갖고 있는 장점들도 분명히 있죠. 생각해 보면 영문학을 전공한 사람만 영어와 관련된 일을 할 수 있는 것도 아니고, 정치외교학을 전공한 사람만 정치할 수 있는 건 아니잖아요. 저는 개발도 마찬가지로 그런 단편적인 도식이 적용되는 영역은 아닐 거라는 믿음이 있어요. 그래서 저부터라도 비전공이 아닌 타전공이라는 단어를 쓰려 하는 편입니다.

이런 좋은 말들은 자꾸 써야 사람들 입에 오르내릴 텐데, 저도 오늘부터 많이 쓰도록 하겠습니다.

좋네요. 감사합니다.

개발자가 된 계기도 궁금하지만, 그 전에 영상학을 전공하게 된 계기가 궁금해요. 어떤 큰 포부가 있어서 선택한 전공이었나요?

사실 영상학과가 1순위는 아니었어요. 실패에 대한 대안이었죠. 원래는 정치외교학과를 가고 싶었어요. 제가 다른 문화나 나라에 호기심이 많았거든요. 어렸을 때 『국가와 국기』라는 책을 많이 읽었던 기억이 나요. 국기가 커다랗게 그려져 있고, 그 아래에 나라별로 소소한 문화적인 특징들을 적어 둔 백과사전 같은 책이었는데 그 책을 읽으면서 막연하게 외교관이 되고 싶다고 생각했어요. 이 나라의 특산물이 무엇인지, 이 나라에는 어떤 축제가 있는지 같은 것들을 보는데 왠지 모르겠지만 그걸 읽는 시간이 너무 즐겁더라고요. '아, 지구에 이렇게 다양한 사람들이 살고 있고, 다양한 문화도 있구나. 이런 걸 다 경험하려면 외교관을 해야겠지?'라는 막연한 생각으로 정치외교학과를 가고 싶었어요. 그런데 떨어졌어요. 플랜 B를 모색해야 했죠. 그때 눈에 들어온 게 영상학과였어요.

너무 갑작스러운 선회 같은데, 이유가 있었나요?

나름의 합리화 과정이 있었죠. 일종의 정신 승리랄까.(웃음) 스스로에게 물었죠. '내가 진짜 정치외교학과를 가고 싶었던 게 맞을까?' 하고요.

스스로의 대답은 무엇이었나요?

'아니다'였죠. 왜냐하면 나는 나라들의 문화가 좋았던 거지, 그걸로 정치를 하거나 외교를 하려던 건 아니니까. '내가 외교관이 되면 복잡한 한국의 외교 정세 속에서 강대국들 간의 파워 게임 조율을 해야 하는데…. 그건 내가 원했던 게 아니지' 같은 나름 귀여운 합리화를 했던 것 같아

나 좋자고 하는 일인데요

요. 내가 좋아했던 건 오히려 문화였다는 걸 깨달으니까 학과 선택의 폭이 갑자기 넓어지더라고요. 그러다가 평소에 동경하고 좋아했던 또 다른 주제인 영상을 전공한다면 내가 좋아하는 문화를 가지고 새로운 시도들을 해 볼 수 있을 거란 생각이 들었고, 그렇게 플랜 B였던 영상학과로 진학하는 선택을 하게 됐습니다.

평소에 영상을 동경하게 된 계기가 있었나요? PD나 영화 감독 같은 건 익숙한 장래 희망이지만, 영상 자체에 흥미를 가지는 건 드문 일인 것 같아서요.

원래도 저는 펜과 종이로 하는 공부보다는 직접 체험하면서 공부하는 것들을 훨씬 좋아했어요. 그래서 남들과 달리 수행평가를 엄청 좋아했죠. 아직도 기억나는데, 고등학교 시절에 '정보사회와 컴퓨터'라는 과목이 있었어요. 수업 중에 '나를 표현하는 영상 만들기'라는 수행평가 과제가 있었는데 시작하기도 전에 가슴이 막 뛰는 거예요. 재미있을 것 같아서. 다들 대충하는데, 저만 엄청 열심히 하고 있더라고요. 영상을 만들려면 영상 제작 프로그램을 써야 했는데 그걸 배워서 컴퓨터로 만드는 과정도 너무 재미있었고, 나를 표현한다는 주제도 좋았죠. 혼자 시나리오도 구성하고, 콘티도 만들고, 소스들을 수집해서 영상을 만드는데 그 과정이 아직도 기억에 남을 만큼 재미있었어요.

어떤 예술 작품을 만드는 느낌이라기보다는 컴퓨터로 조작해서 무언가를 만든다는 점에 재미를 느끼신 것 같네요.

맞아요. 저에 대한 그림을 그리거나 영화처럼 표현할 수도 있었겠지만 저는 컴퓨터로 뭔가를 만든다는 게 재미있었어요. 어떤 효과를 넣고, 그 효과에 숫자를 입력하면 정도를 조절할 수도 있고, 음악이랑 영상을 맞

춰서 연출한다는 게 재미있었어요. 영상은 그냥 촬영으로 만들어지는 줄 알았는데, 내가 조작한 숫자와 컨트롤로 어떤 창작물을 만들 수 있다는 게 뭐랄까, 짜릿했죠. 그때 '아, 컴퓨터로 뭔가를 만드는 일은 되게 재미있는 일이구나'라고 생각했던 것 같아요.

어쩌면 영상학과에서 개발자로 진로를 바꾼 건 아주 그렇게 크게 변화한 일은 아닐지도 모르겠네요. 좋아하는 건 똑같은 상태에서 구현하는 대상만 영상에서 코딩으로 바뀐 게 아닌가 싶기도 하고요.

그럴지도 몰라요. 영상학과 들어가서는 카메라랑 친해지는 일이 정말 어려웠어요. 영상 만드는 일은 재미있었지만, 실사를 영상으로 담는 것에는 크게 관심이 없었던 것 같아요. 제가 관심 있었던 건 오히려 컴퓨터 그래픽 같은 분야였어요. '모션 그래픽'이라고 해서 제가 만들고 싶은 대상을 시간의 흐름에 맞춰 모양과 행동을 변화하게 만드는 기술인

나 좋자고 하는 일인데요

데, 어떤 상태값을 지정하고 그 과정에서 영상이 만들어지는 게 훨씬 더 재미있었죠. 어떤 물건이 하늘에서 떨어진다고 했을 때 이 물체의 무게를 어떤 값으로 지정해야 사람들이 익숙하게 받아들이는 그래픽이 나올지, 이 물체가 어느 정도의 속도로 움직여야 하는지 같은 것들을 상상하고 조작해 보는 거죠. 그런데 시각 요소들이 좀 더 세밀하게 상호 작용하는 연출을 하려면 종종 기본으로 제공되는 기능으로는 부족해요. 결국에는 어느 정도 코드를 짜야 하고, 코드를 알아야지만 원하는 결과물을 제대로 얻을 수 있죠. 이때부터 코딩에 익숙해지기 시작하면서 조금씩 관심을 가지게 됐어요.

코딩에 관심을 갖는 것만으로 직업을 선택하긴 어렵잖아요. 아무래도 기본 베이스가 영상이라면, 그것과 비슷한 직업들을 상상하게 될 테니까요.

재미있는 건, 그때 제가 어떤 직업을 가질지 깊게 고민해 보지 않았다는 거였어요. 그런 고민보다는 '영상으로 뭔가를 만드는 일이 재미있으니까 일단 해 보자' 정도의 자세였달까요. 아주 막연하게 게임 업계로 갈 수도 있겠다는 생각을 하긴 했지만, 명확하게 그림을 그려 두지는 않았어요. 그래서 어떤 직업으로 가던 간에 크게 위화감이 없었던 것 같고요.

개발자가 된 건 어떤 계기였나요?

대학교 3학년이 끝날 때쯤, 우연히 네이버에서 '네이버 소프트웨어 멤버십'이라는 타전공 학생들을 위한 개발자 교육 프로그램이 열린다는 공고를 보게 됐어요. 지금은 여러 학원이나 교육 기관에서 많이 하는 프로그램이지만, 그때만 해도 인프라가 잘 갖춰져 있지 않아서 네이버 같은 커다란 기업들이 이런 교육 기회들을 제공했거든요. 평소 코딩에 관심이 있기도 했고, 코딩도 컴퓨터로 무언가를 조작하는 일이니까 흥미가 생겨서 지원을 했죠. 6개월 교육을 받고 6개월 인턴십을 하는 1년짜리 프로그램이었는데, 생각보다 교육 강도가 셌어요. 정신을 차리고 보니 개발자가 돼 있었고, 인턴십이 끝나고 정규직 자리를 제안 받아 네이버에서 첫 커리어를 시작하게 됐죠.

커리어를 보면 '검색'과 관련된 개발을 많이 하셨던데, 그때 네이버에서 검색 분야를 선택하셨던 건가요?

그럴리가요.(웃음) 우연히 배치가 된 거였죠. 사실 개발 중에서도 검색과 관련된 분야는 다른 분야들하고 독립된 지점이 있어요. 검색이라는 서비스가 가진 특수성 때문이기도 하고, 또 검색을 다루는 엔지니어들이 아주 많지 않기 때문이기도 해요. 네이버는 검색으로는 가장 앞선 회사였고, 결과적으로는 제게 좋은 기회였죠. 마켓컬리로 이직한 지금도 검

나 좋자고 하는 일인데요

색과 관련된 일을 하고 있는데, 국내에서 가장 큰 검색 엔진을 가진 회사에서 일했던 경험이 지금도 많은 도움이 돼요. 하지만 커리어를 처음 시작하던 순간에 제가 원했던 게 아닌 건 확실했고요.

우연한 기회로 개발자로서의 커리어를 이어 나가기는 했지만, 어쨌든 갑작스러운 전환이었잖아요. 영상에 대한 미련이나 아쉬움은 없었나요?

있었죠. 그런 미련이나 아쉬움과 싸우는 게 힘들 때가 있었어요. '내가 관심 있는 분야를 잘 살렸더라면 시각적인 개발에 투입될 수도 있었을 텐데' 하는 아쉬움이 계속 절 따라다녔죠. 그래서 그런 아쉬움을 새로운 걸 배우고 시도해 보는 동력으로 삼으려고 했고, 덕분에 지금은 조금 해소되기도 했어요.

예를 들면요?

공부를 따로 해 보기도 했어요. 당장 내가 일하는 분야와는 상관없지만 따로 공부한 내용으로 시각적인 걸 보여 주는 웹페이지를 만들어 보기도 했죠. 또 한번은 스페셜로고 태스크 포스(TF)에 참여한 적도 있었어요. 네이버에 들어가면 기념일이나 중요한 날에 움직이는 로고들 한번쯤은 보신 적 있을 거예요. 그런 스페셜 로고들을 기획하고 제작하는 TF였는데, 1년 정도 소속돼 일하면서 다양한 프로젝트들을 고민하고 함께 했죠. 본업과 관련이 없지만 다양한 경험을 하다 보니 아쉬움들이 조금씩 풀리긴 했어요. 그래도 '예술'을 하지 못한다는 아쉬움 같은 건 여전히 있었죠. 동기나 선배들은 졸업하고 예술 분야에서 영상과 관련된 일을 하고 있는데, 그게 내심 부럽더라고요. 3D 아트나 비주얼 아트 같은 것들을 만들어서 사람들이 놀랄 만한 창작물을 전시하고 세상에 내놓는 모습을 보면서 한편으로는 아쉬움 같은 게 있었던 것 같아요. '나도 한 때는 저런 것들을 좋아하던 사람이었는데…' 같은 마음이랄까요.

예술에 대한 아쉬움은 어떻게 해소했나요?

이것도 조금은 합리화를 했는데, 생각을 바꾼 게 큰 도움이 됐어요. 지금은 기술 사회잖아요. 기술 없이는 그 어떤 것도 설명할 수 없는 사회. 코딩을 하나의 언어라고 본다면 저는 코딩을 통해서 새로운 무언가를 만드는 사람이고, 동시에 사람들에게 우리가 살아가는 이 기술 사회에 대한 이야기를 보다 자세하고 친절하게 설명하고 표현하는 것만으로도 충분히 예술적인 활동일 수 있다는 생각을 했죠. 사실이기도 하고요. 기술 사회에 속해 있는 구성원으로서 사람들이 기술에 대해서 가지고 있는 막연한 두려움을 해소해 주고, 기술 사회 바깥에서 살고 있는 다른 사람들이 이 세상을 어떻게 생각하는지 동료들이나 바깥 사람들에게 말해 줄 의무가 있다고 생각하거든요. 제가 있는 위치에서 나름대로 할 수 있는 예술적인 분야가 있다는 걸 깨달은 뒤로는 조금은 덜 아쉬워하게 됐죠. 수단과 방법이 다를 뿐, 영상과 코딩도 어떤 지점에서는 공통적인 접점이 있다는 생각을 하면서요.

잠시 개발에 대한 이야기로 넘어가 볼까요. 개발자가 된 뒤로 뿌듯했거나 즐거웠던 순간들이 있었는지 궁금해요.

음…. 제가 개발했던 프로덕트가 실사용되거나 할 때 즐거움을 느끼긴 했는데, 이건 아주 솔직한 답변은 아닌 것 같아요.

왜 그렇게 생각해요?

나 좋자고 하는 일인데요

제 다음 커리어를 '개발자'로 생각하고 있는지에 대해서 스스로 의문이 있거든요. 물론 개발하는 걸 좋아하지만 그것보다 제가 더 좋아하고 잘하는 게 있을 거라는 생각을 항상 했어요. 개발자가 아닌, 개발을 이해하고 코딩을 할 줄 아는 사람으로서 더 새로운 역할을 할 수 있을 거라는 생각이죠.

자연스럽게 보현 님의 다음 커리어 이야기가 되겠네요. 조금 더 자세히 듣고 싶어요.

개발을 하는 것과 코드를 다루는 건 조금 차이가 있다고 생각해요. 개발은 프로덕트를 만드는 행위, 쉽게 말하면 앱이나 웹이 작동하기 위한 어떤 결과물을 만들어 내는 걸 말해요. 코드를 배우고 활용하는 건 그것보다 한 차원 더 넓은 이야기죠. 조금 더 쉽게 말하면, 코드를 하나의 외국어라고 이해하면 편해요. 저는 코드가 하나의 언어라고 생각해요. 실제로 언어이기도 하고요. 그런데 어떤 언어를 배웠다고 해서 반드시 그 사람을 통번역가로 보진 않죠. 통번역가가 되기 위해서 언어를 배우는 것도 아니고요. 영어나 중국어를 할 줄 알면 다른 분야에서도 다양하게 쓰일 수 있듯이, 코드라는 언어를 배우면 꼭 개발이 아니더라도 할 수 있는 일이 많아지는 거죠.

그럼 그 말은, 보현 님은 코딩을 할 줄 아는 1명의 사람으로서, 코드를 개발이 아닌 다른 영역에서 활용하는 사람으로 성장하고 싶다는 말일까요?

네, 맞아요. 개발자들도 성향과 역량에 따라 다양한 역할로 나뉘어요. 누군가는 개발에서 효율을 더 보는 사람일 수도 있고, 또 어떤 사람은 더 고도화된 기술을 개발하는 사람일 수도 있죠. 저는 그중에서도 커뮤니

개발자들도 성향과 역량에 따라
다양한 역할로 나뉘어요.
저는 그중에서도
커뮤니케이터가 되고 싶어요.

케이터 역할을 맡는 사람이 되고 싶어요. 그런데 커뮤니케이터는 엄밀히 말하면 개발만 하는 사람은 아니거든요. '개발자'라고 편하게 부를 수 있을지는 몰라도, 엄밀히 말하면 개발자는 아닌 거죠. 그래서 아까 제가 했던 대답이 솔직하지 못하다고 생각했던 것 같아요. 제가 느꼈던 뿌듯하거나 보람찬 순간들은 개발자로서의 순간이라기보다는 다른 순간에 있었거든요.

코드라는 언어를 활용한 커뮤니케이터. 얼핏 들으면 이해가 갈 것 같으면서도 머릿속에 선뜻 잘 그려지지 않는 역할인 것 같아요. 왜 이런 목표를 가지게 됐는지 궁금합니다.

이 이야기를 하려면 약간 다른 이야기부터 시작해야 하는데 왜, 군대 농담 중에 미대 다니면 운동장에 축구장 라인 그리게 한다는 농담 있잖아요. 회사에서 비슷한 경험을 했던 적이 있어요. 한번은 회사가 저한테 발표 자료 작성을 시키더라고요. 회사에서 굉장히 오랜 시간 동안 많은 인력을 투입해서 완성한 개발 과제를 발표해야 했는데, 개발자 중에서 마땅히 발표할 사람이 없었던 거예요. 다들 남 앞에 서는 거 싫어하는 데다가 발표 자료 만들고 시나리오 짜고 하는 과정들을 좋아하는 사람도 없었던 거죠. 당시 리더가 제가 영상학과 출신인 것도 알고 있었고, 또 이런 활동들을 좋아하는 걸 알아서 그랬는지 저더러 이 발표를 맡아 달라고 하시더라고요. 근데 그게 너무 재미있는 거예요. 우리가 이 일을 왜 했는지, 이 시스템이 어떻게 생겼는지, 쓰면 무엇이 좋은지, 이런 과제를 통해서 앞으로 어떻게 나아가고자 하는지에 대해서 스토리를 짜고 이야기를 하는데 제가 이 일을 온전하게 즐기고 있다는 느낌이 들더라고요. 개발자들이 건조하고 어렵게 써 놓은 기술적인 이야기들을 일반 사람들도 알아듣기 쉽게 풀어서 쓰고, 단순히 텍스트로만 발표 자료를 만들지 않고 영상이나 시각적인 자료들을 이용해서 만드니까 사람들이 신기해하더라고요. 사회 초년생 시절의 경험인데, 그때 어렴풋이 느꼈던 것 같아요. 어쩌면 이런 종류의 일이 내 일이 될 수도 있겠구나.

사회 초년생 때 그랬다면, 왜 중간에 더 일찍 커리어를 바꾸려고 하지 않았는지 궁금해요.

지식과 경험이 더 필요하다는 생각이 있었어요. 개발에 대한 이해가 뒷받침돼야지만 일을 더 잘할 수 있겠다고 생각했거든요. 그리고 바꾸려는 시도를 안 한 건 아니었어요. 중간에 몇 번 시도를 했고, 그 과정에서 제가 가고자 하는 길에 대한 확신을 가졌고 가지 않으려는 길에 대한 소거도 했죠. 개발 일을 3년 정도 했을 때쯤이었나, 새로운 일에 대한 고민을 하다가 우연히 사내 공고를 봤어요. AI를 다루는 팀에서 기획자를 뽑는 공고였는데 관심이 가더라고요. 처음에는 '서비스 기획'이라는 직무가 제가 생각했던 커뮤니케이터의 역할을 할 수 있는 일이겠다고 생각했어요. 개발을 이해하고 코드를 다룰 줄 아는데 기획도 할 줄 안다면 시너지가 날 거라고 생각했죠. 어떤 서비스를 만들지 아이디어를 내고, 그걸 시장에 어떻게 내놓고 보여 줄지 고민하고, 또 앞으로 서비스가 나아가야 할 방향에 대해서 고민하는 그런 일들을 할 거라고 생각하고 갔는데 현실은 꼭 그렇진 않더라고요. 제가 원했던 건 사업이나 마케팅 같은 영역에 조금 더 가까운 일이었고, 실제로 했던 일은 프로젝트 매니징에 가까웠죠. 어느 날 정신을 차려 보니까 업무 자동화를 위한 코딩을 하고 있더라고요. 어라, 이러면 전이랑 크게 다를 게 없는데 싶어서 다시 개발직군으로 돌아가겠다고 이야기하고 돌아왔어요. 그게 첫 번째 탈주 시도였고요.

두 번째 탈주 시도는 뭐였나요?

그로부터 몇 년이 지난 뒤에 이직으로 시도했죠. 원래 하고 있던 일에서 약간의 지루함을 느끼고 있던 시기였어요. 이제 내게 주어진 일만 열심히 하면 성공이 보장돼 있는 느낌이었는데, 또 그건 재미없더라고요. 그래서 채용 공고를 보다가 마침 카카오엔터프라이즈의 AI 프로젝트를 담당하는 팀에서 프로토타입 엔지니어를 뽑는다는 공고가 올라왔더라고요. 말 그대로 다양한 AI 서비스의 시제품을 만들어 가능성을 모색하는 일이었어요. 어떤 서비스를 만들어서 시장에 진출하려 할 때 프로토타입을 만들어서 사람들이 체험해 보고 사용해 보면서 성공 가능성을 보는 경우가 있거든요. 그 프로토타입을 만들어 내는 역할이었어요. 어떻게 보면 이 일도 기술을 이용해서 세상과 소통하는 영역에 있는 업무라고 생각했죠. 왜냐하면 제가 만든 프로토타입으로 사람들의 반응을 보고, 그 반응에 의해서 좋은 제품이 나오는 거니까요. 이런 과정들을 거치면서 나름 확신을 했던 건 제가 가고자 하는 소통, 연결자로서의 역할이 제게 잘 맞겠다는 거였어요. 그리고 의외로 이런 역할들이 회사나 산업 안에서, 더 나아가서는 우리 삶에 필요한 존재라는 걸 알았죠. 그래서 지금도 회사 안팎에서 그런 시도들을 계속 하고 있고, 또 새로운 방향들을 모색하고 있어요.

최근에 컬리에서 운영하고 있는 기술블로그도 비슷한 맥락일까요?

맞아요. 컬리에서는 다시 제가 잘하는 검색과 관련된 일을 하고 있지만, 동시에 기술블로그도 운영하고 있어요. 기술블로그는 아까 말했던 것처럼 사람들이 기술을 쉽게 이해할 수 있도록 풀어놓은 공간인데 애정을 갖고 열심히 운영하고 있습니다.

정보현

생각보다 기술 쪽에서 연결점을 만들어 내는 역할이 많네요. 또 어떤 게 있나요?

'테크니컬 라이터(Technical Writer)'라는 직업이 있어요. 제품을 이용하는 사람이 쉽게 사용할 수 있도록 도와주며 문제 상황이 생겼을 때 어떻게 대처해야 하는지 등을 문서로 자세하게 쓰고 정리하는 사람을 말해요. '디벨로퍼 릴레이션(Developer Relations)'이라는 분야의 역할도 있어요. 크게 두 가지 역할을 하는 일인데, 하나는 회사의 개발자 채용을 위해서 개발 문화나 지식을 소개하고 홍보하는 일이고, 또 다른 하나는 회사가 만든 기술을 협력사들이 잘 사용할 수 있도록 홍보하고 중간자 역할을 하죠. 두 번째 역할은 국내에서는 아직까지 활성화되지 않았는데 언젠가는 그 역할을 정말 해 보고 싶어요. 협력사의 개발자들이 우리 회사의 기술을 쓰려면 그 기술을 잘 이해해야 하니까 어떻게 사용하면 되는지 잘 설명해 주고 직접 가서 시연도 하며 연동을 돕기도 하거든요. 예시 코드 같은 것들을 미리 짜 놓고 어떻게 사용하면 되는지 보여 주기도 하죠. 이런 일을 하는 사람을 개발자라고 부르긴 애매하죠. 개발 지식을 지닌, 코드에 대한 이해가 있는 사람이 소통 창구이자 윤활유 같은 역할을 하는 거니까요.

회사나 산업에 이런 역할이 필요하다는 건 이제 이해가 됐어요. 그런데 아까 전에 우리 사회에도 필요한 역할이라고 했잖아요. 그건 무슨 이야기인가요?

이건 우리가 사는 세상이 기술 사회, 그러니까 기술 없이는 굴러갈 수 없는 사회라는 걸 인정하는 데에서부터 시작하죠. 그런데 재미있는 건, 기술이 급속도로 발전하면 할수록 사람들은 최신 기술을 두려워해요. 공포로 대하죠. 많은 사람이 AI를 무서워해요. 그런데 그들에게 AI를 상상해 보라 하면 사람 모습을 한 창백한 로봇 얼굴을 떠올리거든요. AI

는 그저 나열된 몇 줄의 코드일 뿐이지 그런 인격체가 아니거든요. 그런데 누군가가 이런 걸 제대로 이야기해 주지 않으니 사람들은 공포를 느끼고, 동시에 새로운 기술을 모르면 뒤처질 것 같은 두려움도 갖게 되죠. 그러니 누군가가 AI가 뭔지 더 쉽게 알려 주고 인공 지능이 만들어지는 과정을 보여 준다면 사람들의 막연한 공포는 걷어 낼 수 있지 않을까요? 최근에 문제되고 있는 디지털 문해력에 대한 것도 마찬가지고요. 노인들이나 장애인들의 디지털 제품 사용화가 많이 도외시돼 있는데, 이런 문제들을 바깥으로 꺼내고 해결하는 사람이 필요하다고 생각해요.

저도 꽤 오랜 시간 IT 업계에 머물렀지만, 참 신선하고 신기한 분야인 것 같아요. 개발자 동료들은 그런 보현 님을 어떻게 보는지 궁금해요.

신기하게 보죠. 제가 하는 이야기에 관심 없는 분들도 많아요.(웃음) 하지만 관심 갖고 응원해 주는 분들도 있죠. 확실한 건 이런 역할들이 같이 개발하는 동료들에게 더 좋은 세상을 가져다 줄 거라는 믿음이고요.

처음 이야기로 돌아와서, 결국에는 타전공 출신인 보현 님이기 때문에 조금 다른 생각들을 할 수 있는 게 아닌가 싶어요.

영상학과에서 배웠던 것들이 그대로 녹아 있는 거죠. 소통하고 연출하는 개발자가 되고 싶다는 표현을 종종 쓰는데, 이런 건 제가 대학에서 배운 것들이기도 하니까요. 소통과 연출을 조금 더 설명해 보자면 이런 거예요. 사업부나 경영진에서 정한 회사의 목표가 있는데, 그 목표를 기술 개발로 달성하려면 무엇을 해야 하느냐는 반드시 소통이 필요한 문제거든요. 그들의 요구 사항을 개발에서는 어떤 목표로 삼아야 하는지 동료들끼리 소통하고 조율하는 게 반드시 필요한데 이런 역할은 남들보다 제가 더 잘할 수 있는 일이죠. 연출은 말 그대로 더 멋지게 보여 주는 거예요. 개발을 하면 결과물이 생기는데, 개발자들 중에 이런 성과들을 자랑하기 부끄러워하거나 부풀려서 말하는 걸 싫어하는 경우가 많아요. 그런데 그게 싫다고 우리의 성과를 아예 말하지 않을 수는 없잖아요. 수행평가 과제에서 '나를 표현하는 수단'이 영상이었다면 이제는 표현하는 수단이 코드고, 이걸 통해서 다양한 주제를 표현할 수 있게 된 거죠.

그렇게 말씀하시니까 코드에 대해서 거부감이 조금 사라지는 기분이에요. 저는 '타전공생'이지만, 개발이나 코딩은 늘 제가 접근할 수 없는 분야라고 생각했거든요.

저는 코드에도 시적인 가능성이 있다고 생각해요. 어떤 메시지를 전달하는 수단으로서 코드가 쓰일 수 있는 거죠. 어떤 언어가 반드시 정보를 전달하는 목적으로만 쓰이는 건 아니잖아요. 내 기분을 표현하고, 마음을 전달하는데 쓰이기도 하죠. 코드 역시 실용적인 목적으로 쓰이지 않더라도 충분히 의미를 가질 수 있다는 게 제 믿음이에요. 텍스트가 소통 수단의 전부일 때는 글을 배워야 했고, 시대가 변하면서 영상이 소통의 수단이 되고서는 영상으로 소통할 줄 아는 사람들이 앞서 나가기 시작했죠. 요즘 아이들은 글보다는 영상이 익숙해서 누가 가르쳐 주지 않아도 영상으로 스스로를 표현하는 법을 알고 있잖아요. 그런 것처럼 기술도 지금 우리 사회를 대변하는 새로운 표현 수단인 거죠. 기술과 코드 없이는 설명할 수 없는, 그래서 그런 코드를 배우고 익히는 게 너무나 당연하고 익숙한 일이 되는 시대에 살고 있으니까요. 영어를 할 줄 알면 영미권에서 생산하는 정보에 쉽게 접근할 수 있잖아요. 또 영미권 문화에 자연스럽게 접근할 줄 알게 되면 할 수 있는 일이 많아지죠. 그런 것처럼 기술도 하나의 문화를 이해할 수 있는 수단이 될 거예요.

나 좋자고 하는 일인데요

개발을 할 필요가 없더라도, 개발을 이해하고 코드를 다룰 줄 아는 건 앞으로의 세상에서 필요한 기술 중 하나가 될 수도 있을 것 같아요.

맞아요. 모두가 코딩을 할 줄 안다고 해서 개발을 할 필요가 없죠. 자신의 업무를 자동화하기 위해서 SQL(데이터베이스를 구축하고 활용하기 위해 사용하는 언어) 같은 툴과 코딩을 활용하고 있는 분도 이미 많아요. 자동화가 되면 업무 시간에 여유가 생기니 더 다양한 시도들을 할 수 있는 기회가 생기겠죠. 이렇게 코딩까지 하지 않더라도 개발이나 기술에 대한 이해가 있으면 협업할 수 있는 여지가 훨씬 많아져요. 코드를 아는 마케터, 코드를 아는 기획자, 코드를 아는 전략 담당자 같은 사람들이 늘어나면 훨씬 더 창의적이고 신선한 시도들이 많이 나올 거예요. 데이터를 기반으로 의사 결정을 하고, 또 개발자들이 사업 담당자들의 요구 사항을 더 잘 이해할 수 있게 되면 일도 훨씬 올바른 방향으로 갈 거고요. 지금 하고 있는 직무를 유지하면서 코드를 이해한다면 당신의 가치는 분명히 더 높아질 거라고 말해 주고 싶어요. 그리고 제가 앞으로 하려는 기술과 세상을 연결하려는 노력들이, 아직까지는 수면 위로 올라오지 않은 이런 이야기를 더 많은 사람에게 전파하는 역할이 될 수도 있겠고요.

요즘만큼 개발자라는 직업이 화두였던 적이 있나 싶어요. 말씀하신 기술 사회가 왔기 때문일까요?

그럴 수 있죠. 모든 것이 디지털화되면서 이를 만들어 낼 수 있는 개발자에 대한 수요가 급증했으니까요.

그런데 요즘 취업 시장을 보면 보현 님이 말씀하셨던 기술 사회의 관점과는 오

히려 반대되는 것 같아요. '연봉 6천부터 시작하는 개발자 커리어'라든지, 소위 '네카라쿠배' 같은 기업들을 필두로 돈과 명예를 얻기 위해서 개발자가 되기 위한 시대를 앞장서서 만들고 있는 것 같달까.

지금은 개발자들이 필요하니까 개발자들에게 돈이 몰리고 있지만, 저는 이 상황이 오래가지 않을 수도 있다고 생각해요. 제가 학교 다닐 때만 해도 이공계 기피 현상이 사회의 큰 문제여서 국가 발전에 문제가 있다고 막 뉴스에 나오고 그랬거든요. 이 상황이 또 어떻게 역전될지 몰라요. 그런데 개발자가 돈을 많이 벌 수 있다고 하니, 다른 것들은 다 제쳐 두고 돈을 벌기 위해서만 개발자가 되려는 지금 상황은 문제가 있죠. 개발자 공급이 넘쳐 나고, 산업 인력의 수요가 다른 직업으로 옮겨 가면 개발자들 몸값은 확 떨어지겠죠. 돈이 쉽게 가까워지는 만큼 멀어지기도 쉬울 거라고 생각해요. 저희 큰아버지가 포도 농사를 지으시는데, 샤인 머스캣이 비싸고 잘 팔린다고 해서 샤인머스캣을 심었더니 여기저기서 다 똑같이 심는 바람에 가격이 많이 내려갔다고 하더라고요.(웃음) 어디까지나 본인의 선택이지만, 오로지 돈 때문에 개발직군을 선택하는 실수는 하지 않았으면 좋겠어요. 물론 돈 굉장히 중요하죠. 현실적인 문제이기도 하고요. 그래서 저는 타전공생들이 개발자라는 직업을 선택하기 전에 돈 말고도 다양한 걸 같이 고민했으면 해요.

컴퓨터공학을 전공하지 않은 사람이 개발자가 될 때는 어떤 것들을 유념하면 좋을까요.

가끔 고민 상담을 하다 보면, 개발자로 전직하는 걸 지나 온 모든 삶을 포기하는 것처럼 생각하는 경우를 종종 봐요. 지난날을 모두 부정하고 단념한 채로 개발자로서의 새로운 인생만 생각하신달까요. 그러면 저는 이렇게 말하죠. '지난날을 포기한다고 생각하지도 말고, 나를 송두리째 바꾼다고 생각하지도 말고, 그동안 본인이 쌓아 왔던 경험 위에 새로운 경험을 쌓는다고 생각하자.'

지난날의 커리어와 연결성을 찾으라는 말이죠?

그렇죠. 단순히 '개발자'라는 명사에 집착하기보다는 '어떤 개발자'가 될 건지 형용사에 집중했으면 해요. 내가 열심히 해서 연봉 몇 천짜리 개발자가 됐다고 쳐요. 그럼 그 이후요? 왜 개발자가 되고 싶은지, 다른 사람들과 비교해서 무엇이 더 특화된 개발자가 되고 싶은지에 대한 고민이 없으면 분명 오래가지 못할 거예요. 직무 전환을 하고 싶은 분들에게 꼭 묻고 싶어요. 지금까지 몇 년간 해 온 본인의 전문 분야와 커리어를 모두 버릴 거냐고요. 왜냐하면 그걸 버리지 않고 자신만의 엣지 포인트로 잡는 순간부터가 남들과 조금 다른 개발자가 될 수 있는 시작이라고 생각하거든요. 지난날과의 연결성을 생각하지 않고 마치 군대에 징집되는 병사처럼 '나는 지난 역사를 모두 청산하고 이제 새사람이 된다' 이렇게 생각할 필요가 전혀 없다는 거죠. 제 주변에 건축 회사를 다니다가 개발자가 된 분이 있어요. 본인이 건축 회사에서 일을 하다가 보니까 개발 쪽으로 필요한 부분이 있는데 아무도 안 해 주더래요. 답답해서 본인이 개발을 배웠는데, 그분은 덕분에 건축 영역에서 꼭 필요한 지식을 가진 굉장히 특별한 개발자가 됐어요. IT 업계 용어로 속해 있는 산업이나 분야를 도메인(domain)이라고 부르는데, 내가 그 도메인을 잘 알면 알수록 개발에서 사업적인 영역까지 같이 고려하면서 할 수 있게 되니까 훨씬 더 능력 있는 개발자가 될 수 있죠.

어쩌면 사람들이 개발자라는 직업을 너무 기능적으로만 여기고 있는 게 아닐까

싶네요.

그렇죠. 물론 우리가 취업을 위해서 영어를 배우는 걸 비난할 수는 없지만 이런 현실적인 문제를 덮어놓고 갈 수만은 없다고 생각해요. 개발자가 쏟아지는 상황이니, 채용하려는 담당자나 기업 입장에서도 조금 더 특별하고 다른 지점이 있는 사람을 채용하고 싶겠죠. 그러니 지난날을 너무 도외시하지 말자. 설령 그 연결과 연출이 조금의 뻥이 섞여 있더라도 두 경험을 연결하려는 시도는 분명 언젠가 빛을 발한다고 생각해요.

이야기하면 이야기할수록 보현 님은 기존에 갖고 있던 경험이나 능력을 이용해서 새로운 걸 조합하거나 기존의 것들을 승화하는 작업을 좋아하는 것 같다는 생각이 들어요.

그게 제 전략이자 약점이죠. '넌 뭘 제일 잘해?'라는 질문을 받았을 때 아직까지는 뜬구름 잡는 이야기들을 할 수밖에 없으니까요. 하지만 제가 갖고 있는 믿음은 틀리지 않을 거라고 생각하고, 다음 스텝을 옮기기 위해서 지난날의 경험들을 잘 쌓아 왔다고 생각해요. 전략으로 약점을 극복해야죠.

보현 님이 개발자라는 직업을 갖고 있으면서도 새로운 직업을 꿈꾸는 건, 개발자로서의 경험을 새로운 것에 연결하고 승화하는 작업이겠네요. 마치 타전공생들이 개발자가 되기 위해 지난날의 경험들을 연결하는 것처럼요.

맞아요. 바라건대, 제가 꿈꾸는 다음 스텝은 저와 아주 오래오래 가길 바라요.

보현 님과 인터뷰를 하면서 제 진로를 다시 생각하게 됐어요.

개발자가 되고 싶으신가요?

아니요, 그보다는 지난날들을 재료 삼아 새로운 도전을 해 볼 수 있겠다는 생각이 들어요. 꼭 콘텐츠 전문가가 아니더라도, 콘텐츠를 다룰 줄 아는 새로운 직업을 만날 수도 있겠다는 생각이랄까요.

응원합니다. 언젠가 새로운 직업을 가진 재형 님을 만난다면 정말 반가울 것 같네요.

나 좋자고 하는 일인데요

조혜림

— interviewee —

PRIZM
음악 콘텐츠 기획자

경력
10년 차

한국
대중음악상
선정 위원

패션디자인학과를 나왔지만 적성이 맞지 않는다는 것을 깨닫고 새로운 일을 찾아 떠났다. 평소 좋아하는 음악과 영화에 대한 생각을 적어 둔 블로그가 갑자기 유명해진 덕분에 콘텐츠 큐레이터로서의 업무를 시작, 이를 계기로 네이버에서 콘텐츠 기획자로 커리어를 시작하게 됐다. 그 후 피키캐스트, CJ E&M, 지니뮤직, FLO 등을 거쳐 현재는 미디어 커머스 플랫폼 PRIZM의 음악 콘텐츠 기획자이자 한국대중음악상 선정 위원으로 활동하고 있다.

"실패를 딛고 좋아하는 일을 찾는
여정을 계속하고 싶어요."

사람들이 꿈을 갖는 과정은 보통 단편적이고 직선적이다. A를 잘하면 A'를 꿈꾼다고 해야 할까. 노래 부르길 좋아하면 가수가 되고 싶어 하고, 축구하는 걸 좋아하면 운동선수를 꿈꾼다. 직업에 대한 정보가 없기 때문이기도 하지만, 어린 시절에는 잘하는 걸 직업으로 삼는 일이 당연하게 여겨지는 시기이기 때문이다. 물론 모든 A가 직업이 되는 건 아니다. 잠을 좋아한다고 해서 숲속의 공주가 될 수는 없고, 놀기를 좋아한다고 해서 놀면서 돈을 벌 수는 없으니까.

유일하게 모든 꿈을 다 이룰 수 있는 만능 프리 패스처럼 여겨지는 게 딱 하나 있는데, 그것은 바로 공부다. 그래서 대부분의 사람이 일단 자신이 좋아하는 것을 제치고 공부부터 먼저 한다. 그러나 모든 직업을 가질 수 있을 만큼 공부를 잘하기란 쉽지 않고, 우리 모두 알다시피 공부를 잘하더라도 원하는 모든 직업을 가질 순 없다.

그러다 차츰 나이가 들면 A에는 A'만 있는 게 아니라 AB도 있고, BA도 있고, A의 C^2도 있다는 걸 알게 된다. 축구를 좋아하는데 운동을 못한다면 해설 위원이나 에이전트를 할 수도 있다. 읽고 쓰는 일을 좋아하지만

나 좋자고 하는 일인데요

작가를 할 만큼은 아니라면 대안은 얼마든지 있다. 그러나 관성이란 무서운 것이라 다른 대안들을 발견했다 하더라도 경로를 바꾸기가 쉽지 않다. 공부하느라 좋아하던 일을 이미 잊었을 수도 있고, 돌아가기엔 너무 멀리 와 버렸을지도 모르기 때문이다.

조혜림은 내가 만난 이들 중 본인이 잘할 수 있는 직업을 가장 늦게 만난 사람이다. 그녀의 커리어는 얼핏 보면 몹시 화려하다. 국내 3대 음악 스트리밍 서비스 중 하나인 FLO의 콘텐츠 기획자이자 한국대중음악상 심사 위원으로 활동하며 트레바리와 문토 같은 커뮤니티 서비스에서 클럽장과 리더를 맡으며 많은 사람에게 영감을 주고 있지만, 사실 그녀가 음악을 직업으로 삼은 것은 6년이 채 안 됐다.

전화기 너머로 그녀가 내뿜는 에너지는 시니어라고 보기엔 지나치게 순수하고 열정적이었다. 직장에 몸 담는 시간이 길어질수록 매너리즘에 빠지는 게 일반적이라고 생각했던 내게, 그녀의 오래된 열정은 몹시나 인상적이었다. 그녀에게는 왜 지금도 열정이 남아 있을까. 그녀가 갖고 있는 열정과 낭만의 원천은 무엇일까. 만약 모두가 그녀처럼 좋아하는 일을 찾아 열정적으로 살아갈 수 있다면, 세상에 고민 있는 직장인은 사라지지 않을까. 어느새 잃어버린 낭만을 되찾을 수 있을지도 모른다는 생각에 인터뷰 약속을 잡고 합정의 한 스튜디오로 향했다.

패션디자인학과를 전공한 줄은 몰랐어요. 음악과 평론을 하시니 관련된 전공일 거라고 생각했는데 의외네요.

그렇죠?(웃음) 사실 패션에 관심이 많아서 전공을 선택했다기보다는 천으로 뭔가를 만드는 걸 좋아해서 선택한 거였어요. 어려서부터 뭔가를 만드는 걸 좋아했거든요. 천으로 가방이랑 옷도 만들어서 팔기도 했어요. 패션디자인학과에 가면 비슷한 걸 하는 줄 알았죠. 대학을 가긴 해야 하는데 딱히 하고 싶은 건 없고…. 그때 패션디자인학과가 눈에 들어왔어요. 그래서 부랴부랴 뒤늦게 입시 준비를 했고, 대학에 가게 됐어요.

그런데 지금은 패션과 전혀 관련 없는 삶을 살고 계시네요.

네, 포기했으니까요. 패션디자인학과를 졸업하고 패션 회사에서 인턴도 했지만 오래 버티지 못하고 그만뒀어요.

사람들은 자기가 원하는 학과에 들어가고 싶어 하고, 나아가서는 전공을 살려서 먹고 살기를 바라는데, 그렇게 어려운 두 가지를 다 잘 해내시고는 그만두게 된

이유가 궁금해요.

원하는 학과였죠. 하지만 원하는 삶은 아니었던 것 같아요. 적어도 저한 테 맞는 곳은 아니었던 거죠. 패션 회사에 들어가면 어떤 일을 하는지 도 몰랐고, 어떤 미래가 기다리고 있는지도 몰랐어요. 그냥 단순하게 패 션디자인학과를 나왔으니까, 패션 회사로 가는 게 당연하다고 생각했던 것 같아요. 하지만 현실은 너무 달랐고요. 지금은 나아졌을지도 모를 텐 데, 그 당시에만 해도 패션 회사에는 악습들이 많았어요. 예를 들어 막내 들은 반드시 피팅 모델을 해야 했어요.

피팅 모델이요?

네, 막내들을 마네킹처럼 쓰거든요. 절대 살이 쪄서는 안 돼요. 지금보다 5~6kg는 더 말랐는데도 선배들이 더 말라야 한다고 했어요. 먹는 거 엄 청 좋아하는데, 또 사실 몸무게가 그렇게 많이 나가는 편은 아닌데도 울 면서 살을 빼야 했고요. 매일 새벽까지 야근하는 건 일상이고요. 또 막내 는 제일 먼저 출근해서 사무실 창문도 열어 놓고 청소도 해야 했거든요. 겨울에 실내에서 여름 원피스 피팅하다가 택배 왔다고 해서 그 차림으 로 밖에 나가서 택배 받아 오고…. 패션디자인을 할 줄 알았던 회사에서 들어가자마자 모진 대우를 받으니 이게 맞는 건가 하는 생각이 들었죠.

좋아하는 줄 알았던 게 사실은 좋아하는 게 아니었네요.

회사에 가고 나서야 알았죠. 제가 패션이나 디자인이 좋아서, 혹은 패션 회사에 대한 로망이 있어서 이 일을 직업으로 선택한 게 아니었다는 걸 요. 로망이 있다면 버텼겠지만, 그렇지 않았어요. 나는 디자이너가 되고

조혜림

싶었던 게 아니라 그냥 뭔가를 만드는 사람이 되고 싶었던 건데. 그래서 손으로 뭔가를 만드는 일을 평생 할 거라고 생각하고 선택한 거였는데 현실과는 너무 달랐던 거죠. 결코 짧은 시간은 아니었어요. 1년 가까이 경험했던 거니까. '이건 나랑 맞지 않아. 내가 할 수 없는 일이야'라는 생각으로 도망쳤어요.

도망친다고 표현했지만, 어쩔 수 없었을 것 같아요. 하지만 도망친다고 해서 홀가분해지는 건 아니잖아요. 약간 허무하기도 하고, 무섭기도 했을 것 같아요. 어땠어요?

'앞으로 뭘 해야 하지?'라는 생각이 저를 감쌌죠. 울기도 많이 울었고요. 생각해 보면, 학창 시절 동안 열심히 했던 전공을 버리는 거잖아요. 전공을 잘못 골라서 도망친 건데, 막상 전부였던 전공이 없어지니까 할 수 있는 게 아무것도 없는 것처럼 느껴지더라고요. 내가 좋아하는 건 뭔가를 만드는 거였는데, 일 그만두고 인형을 만들면서 살 수도 없고, 그렇다고 새로운 직업을 구하자니 패션 회사 말고는 구직 활동을 해 본 적도 없으니 말 그대로 막막했어요. 갑자기 세상에 버려진 느낌? 도망쳤지만 자유롭진 못했죠.

그러다가 갑자기 다음 커리어가 네이버로 이어져요. 도망친 사람의 결론 치고는 해피 엔딩 같은데 어떻게 된 건가요?

그렇죠? 저도 아직도 신기해요. 물론 계약직이었지만, 네이버에서 커리어를 이어 갈 수 있는 것 자체가 행운이었죠. 다 블로그 덕분이었다고 생각해요. 회사를 다니면서도, 대학 생활을 하면서도 놓지 않았던 게 블로그였어요. 패션 블로그는 아니고 영화와 책, 그림에 관한 블로그였어

나 좋자고 하는 일인데요

요. 학교에서 디자인을 배울 때 옷 만드는 것보다 더 재미있었던 게 역사였어요. 디자인과도 미대니까 기본 교양을 배우거든요. 서양미술사와 서양의복사 같은 것들을 배우는데 너무 재미있으니까 집에 와서도 인터넷으로 뒷이야기들을 찾아보고 책 사서 읽고 그랬죠. 공부하다가 외국 사이트에도 들어가서 내용들 막 해석하고 정리해서 블로그에 올려 두고 그랬는데, 사람들이 조금씩 반응하는 거예요. 파워블로거까지는 아니었지만 방문자 수가 조금씩 많아지더니 협찬 같은 게 들어오기 시작하더라고요. 너무 신기했어요.

블로그에 어떤 것들을 올렸던 거예요?

제가 뭘 하나 좋아하면 끝까지 파고드는 성격인데, 그렇게 공부하며 알아낸 것들을 정리해서 올려 두곤 했어요. 제가 좋아하는 작가들의 연대기를 공부하다가 혼자만 알기 아까우니 그걸 정리해서 블로그에 올려 두기도 했고요. 그렇게 한 작가를 파다 보면 재미있는 이야기들을 알게 돼요. 남들은 잘 모르는 숨겨진 작품들이라든지, 그 작가의 파란만장한 인생 이야기 같은 것들을 알게 되면 또 정리해서 블로그에 올리죠. 한번은 여행 다니면서 미술관에 갔을 때 제가 미리 공부했던 것들이 도움이 된 적이 있었거든요. 현실 세계에서 도움이 되는 경험을 겪고 나니 더 열심히 하게 되더라고요. 영화나 책을 보다가 아는 그림에 대한 이야기가 나오면 더 몰입하는 상황들이 계속 쌓이니까 더 열심히 블로그에 올릴 것들을 찾고, 공부하고, 정리하게 됐죠.

제가 미술에 조예가 깊지 않아서 그런지 상상이 잘 안 되네요. 어떤 내용들을 블로그에 올리셨나요? 인기가 있었다면 분명 내용들도 재미있었을 것 같아요.

예를 들면 영화 〈인셉션〉에 프랜시스 베이컨의 그림이 나와요. 꿈속에서 주인공의 자아가 분열하는 장면인데, 주인공이 걸어가는 복도에 베이컨의 〈자화상〉이 걸려 있죠. 그 그림 역시 장면에 어울리는 뒷이야기를 갖고 있고요. 감독도 영화의 세계관을 구성할 때 베이컨의 그림으로부터 영감을 받기도 했고요. 이렇게 찾은 작은 단서들로 집요하게 공부를 해요. 사실 저도 쓸 때는 두서없이 써요. 하지만 알고 있는 것들을 계속 연결해서 쓰다 보면 그럴듯한 이야기가 나오죠. 왜 감독은 프랜시스 베이컨의 그림을 썼는지. 프랜시스 베이컨과 이 장면의 꿈은 어떤 연관이 있는지. 프로이트도 공부했으니까, 그럼 프로이트의 『꿈의 해석』과 이 장면은 어떻게 연결돼 있는지…. 꼬리에 꼬리를 물고 이야기를 풀어 나갔는데 사람들이 봤을 때 재미있는 이야기가 됐던 것 같아요. 댓글에도 그런 이야기가 많았어요. 하나의 주제를 다양한 곳에 연결하고 꼬리를 무는 해석이 재미있다고. 그게 맞는지 틀린지는 저도 잘 알지 못했지만, 어쨌든 그렇게 풀어냈던 이야기들이 사람들에게 사랑을 받았죠. 당시에 유행하던 영화나 책에 대한 해석을 찾아보고 싶었던 사람들이 검색을 했을 테고, 그럴 때 제가 공부하고 분석해 둔 글들이 사람들의 눈에 들어왔던 거예요. 덕분에 조금씩 협찬이 들어오고 제안도 들어오고 그래서 전시회 같은 데도 다닐 수 있게 됐죠.

네이버 메인에도 걸렸나요? 그게 유명 블로그의 상징이잖아요.

네, 많이 걸렸죠. 아무래도 사람들이 관심 있어 하는 주제들을 올리기도 했고, 또 저처럼 미술이나 예술 쪽으로 깊이 있는 이야기를 다루는 사람이 많지 않다 보니 자주 걸린 편이었어요. 네이버 메인에 걸리는 건 정말 신기하고 뿌듯한 일이에요. 많은 사람에게 내 글을 보여 줄 수 있고, 덕분에 댓글도 많이 달아 주니까요. 자신의 블로그가 네이버 메인에 걸리는 일은 블로거에게 자랑하고 싶은 일이잖아요. 그래서 저도 자랑 많이 했던 것 같고요, 부모님도 되게 신기해하고 좋아하셨어요.(웃음)

이렇게 유명해진 블로그가 커리어에 도움이 됐다는 게 신기해요. 사실 직업을 구하려고 블로그를 시작했던 건 아니잖아요. 어떻게 블로그가 직업을 구해다 준 건가요?

블로그를 보는 사람이 점점 많아지니까, 제안이 많이 오기 시작했어요. 아까 말했던 것처럼 전시회나 미술관 홍보도 있었고, 영화 시사회나 책 소개 같은 것들도 있었죠. 패션 회사에서는 막내였지만, 블로그에서는 그렇지 않았어요. 그러다 우연히 어떤 분이 블로그로 제안을 주셨어요. 네이버 메인에서 미술 쪽 파트 콘텐츠를 운영할 사람을 찾고 있는데, 네가 적임자인 것 같다고요. 알던 사람도 아니었어요. 잘 모르는 분이었는데, 갑자기 제안을 주시더라고요. '어차피 백수니 면접이나 보자!' 했는데 덜컥 붙어 버린 거죠. 지금은 네이버 메인이 엄청 체계적으로 운영되고 있지만, 그때만 해도 사람이 하나하나 손수 고르고 운영했거든요. 네이버에서 미술판을 운영해야 하는데, 마땅한 사람이 없으니 운영을 못하고 있었던 거예요. 저한테는 너무 좋은 기회였고요. 그래서 네이버 '오늘의 미술'이라는 판을 운영하게 됐어요. 그 이후로도 다양한 일들을 했고요. 네이버 로고가 기념일마다 바뀌는 거 아시죠? 유명 작가들과 네이버 로고를 만드는 컬래버레이션을 직접 해 보기도 하고. 또 디지털 박물관이라는 콘텐츠도 직접 운영했어요. 그때 전국의 미술관과 갤러리는 거의 다 가 본 것 같아요.

정말로 블로그가 아니었다면 얻지 못할 기회였겠네요.

맞아요. 그래서 뭐라도 꾸준히 하면 기회를 얻는다는 걸 그때 처음으로 알았어요. 왜, 어른들이 그런 말 쉽게 하잖아요. 꾸준히 하는 사람한테 기회가 온다. 그런데 그게 저한테 실제로 벌어졌으니, 그 어떤 경험보다도 값진 경험이었죠.

'패션디자인을 했던 사람이 원래는 블로그를 운영하고 있었고, 마침 영화와 책을 좋아했고 글 쓰는 것도 좋아했다.' 정말 우연의 연속인데, 이 우연이 필연이 되려면 혜림 님이 왜 영화와 책을 좋아하게 됐는지 이야기를 더 들어 봐야 할 것 같아요.

제 사회적 지위를 고려해서(웃음) 말하고 다니지는 않지만, 어린 시절 소위 덕후였어요. 그것도 엄청난. 만화책도 엄청 많이 읽었고, 애니메이션도 많이 봤어요. 〈에반게리온〉 같은 만화를 많이 보면서 자랐죠. 판타지 소설도 많이 읽었어요. 혹시 『드래곤 라자』 이런 작품들 아시나요? 그런 작품들부터 시작해서 읽을 수 있는 책이란 책은 다 읽었던 것 같아요. 이건 정말 어디 가서 이야기하지 않는 건데, 한때는 코스프레 행사도 정말 열심히 참가했어요. 제가 직접 코스프레하고… 구체 관절 인형도 모아서 옷도 만들어 주고….

네, 덕후이셨던 것 잘 알겠습니다. 그만 말씀하셔도 돼요.

덕부심이 충만하지 않아 보여서… 적당히 끊어 주셔서 감사합니다.(웃음)

왜 책이나 영화 같은 것들을 좋아했나요?

제 어린 시절을 조금 더 이야기해야 할 것 같은데, 유복하지 않았던 경험 때문인 것 같아요. 어린 시절을 돌이켜 보면 풍요로웠던 삶과는 거리가 있었어요. 정말 가난했을 때에는 단칸방에서 산 적도 있었고요. 그러다 보니 자연스럽게 놀고 즐길 수 있는 것들이 제한적이었어요. 슬픈 일이지만, 가난은 경험을 할 수 없게 만들어요. 그래서 제 입장에서는 책과 영화를 보고 음악을 듣는 것만 해도 큰 사치였죠. 제가 할 수 있는 최상의 경험이라고 해야 할까요? 다행스럽게도 큰 돈이 드는 일은 아니었어요. TV를 틀면 하루 종일 나오는 영화들과 라디오에서 흘러나오는 노래들은 다 무료였으니까. 요즘 친구들은 잘 상상하지 못하겠지만, 듣고 싶은 노래를 다시 들으려면 라디오에서 나오는 노래를 녹음해야 했어요. 라디오에서 좋아하는 음악이 나오길 기다렸다가 녹음하고 또 듣고 그랬죠. 책도 마찬가지였어요. 책을 사는 건 비싸지만 도서관이 있고, 또 여차하면 주변에서 빌릴 수도 있었죠. 아빠가 예전에 사 뒀던 책들을 읽기도 했어요. 아주 옛날 책들은 글씨가 세로로 적혀 있거든요. 세로로 읽는 게 어색했지만, 할 게 없으니까 또 읽었어요. 세로줄이 헷갈려서 자를 대고 읽기도 했어요. 어떻게든 읽으려고요. 그런 책들은 대부분 다 아주 옛날 책들이었죠. 『삼국지』라든지, 강태공이나 허준 뭐 이런 사람들이 나오는 책들이었는데, 나중에는 하도 많이 읽으니 다 외울 지경이었죠. 집에 루 살로메라는 철학자의 책도 있었어요. 지금 생각해 보면 제가 나중에 커서 철학을 좋아하게 된 것도 다 그 시절의 경험 때문인 것 같아요.

환경 때문에 어쩔 수 없다고 이야기하셨지만, 돌이켜 생각해 보면 그 작은 방에서 혜림 님은 할 수 있는 최선의 일을 했던 것 같아요. 무료였지만 그 어느 것보다 가치 있는 책과 영화와 음악들을 누리면서 결코 작지 않게 성장하신 거고요.

맞아요. 흔하고 귀하지 않으면 눈여겨보지 않게 돼요. 그런데 저는 진심

으로 그게 제가 누릴 수 있는 최고의 사치들이라고 생각했어요. 물론 남들도 누릴 수는 있겠지만, 저처럼 반복하고 몰입할 수는 없을 거라고 생각했고요. 어느 순간부터는 그 생활을 즐기고 있더라고요. 물론 제가 좋아하는 것들과 부모님이 좋아하는 것들이 다 섞여서 지금의 저를 만든 거겠지만요.

그래서인지 혜림 님이 평소에 듣고 올리시는 음악의 스펙트럼이 넓다고 생각했어요. 혜림 님의 다양한 취향도 어쩌면 그 덕분일까요?

아마 그럴 거예요. 아빠가 매일 카세트테이프로 듣던 음악들이 있었어요. 사이먼 앤 가펑클, 비지스, 마마스 앤 파파스…. 그런 음악들을 매일 틀고, 또 들려주셨죠. '아, 이게 내 취향이야!' 이렇게 생각할 겨를도 없이 계속 듣다 보니 그런 음악들이 좋아지고 그게 자연스럽게 제 취향이 된 것 같아요. 아빠가 좋아하는 노래 나도 너무 좋고, 또 같이 따라 부르게 되고. 하루는 엄마가 책을 빌려 왔는데, 그 책이 에쿠니 가오리와 츠지 히토나리의 『냉정과 열정 사이』였어요. '혜림아, 이거 너무 재미있다. 너도 읽어 봐' 해서 그 책을 읽고, 또 아빠가 빌려 온 책을 읽고, 나중에는 가족 모두가 근처 대여점과 도서관 사람들하고 다 친해지기도 했죠. 그때 농담처럼 아빠가 '우리 딸은 글을 잘 썼으면 좋겠다' '계속 글을 썼으면 좋겠다' 이런 말을 했어요. 아마 제가 지금 계속 글을 쓰고 기록하는 이유도 그런 영향들이 아닐까 해요.

커리어 이야기로 돌아올까요. 네이버를 그만두고, 갑자기 외국계 회사를 갑니다. 찾아보니까 완전 다른 일을 하는 회사더라고요. 콘텐츠하고는 거리가 멀어 보였고, 무엇보다도 익숙한 산업이 아니더라고요.

나 좋자고 하는 일인데요

네, 제가 콘텐츠를 업으로 해야겠다고 마음먹게 해 준 회사예요. 네이버에서 일하는 동안 재미있긴 했지만 고생을 많이 했어요. 그러다 보니 자연스럽게 편하고 안정적인 회사를 찾게 되더라고요. '이 일이 내가 좋아하는 일인 건 알겠어. 그런데 이렇게 힘들면 더는 못 하겠다' 싶었던 거죠. 그러다 그 회사를 알게 됐어요. 작은 미국계 회사였는데, 마케터를 구하더라고요. 엔지니어링 소프트웨어 기업이었어요. 무슨 말인지도 모르겠죠?(웃음) 어쨌든 IT 기업이더라도 글 쓰는 사람, 홍보하는 사람은 필요하니까 들어갔죠.

생활은 어땠어요? 직장인이 작정하고 '꿀을 빨겠다!'라고 다짐하고 들어간 회사에서의 결말이 어땠는지가 너무 궁금해요. 저는 한 번도 실행으로 옮겨 본 적이 없는 일이라….

정-말 편했어요. 이렇게 말해도 되나 싶을 정도로 편했어요. 워라밸은 일단 무조건 보장됐어요. 퇴근 시간 절대 안 건들고, 일하는 시간도 그렇게 격하지 않았고요. 워크숍도 자주 갔어요. 한번은 발리로, 한번은 오키나와로…. 출장도 틈만 나면 갈 수 있었어요. 디트로이트 갔다가, 말레이시아 갔다가, 마카오 갔다가…. 남들은 평생 가 보기도 힘든 여행지들을 돌아다니면서 일을 했죠.

꿈의… 회사 생활인데요.

그런데 항상 '내가 여기서 지금 뭘 하고 있는 거지?'라는 생각을 했어요.

왜죠?

컨퍼런스 준비하고, 매일같이 출장 가고, 교수님들 만나서 인사하고 동행하는 일상들이 무슨 의미가 있을까 하는 생각이 갑자기 들더라고요. 회사 안에서 매일 엔지니어들과 이야기를 나눴는데, 알아듣기 어려운 말을 들으면서 글을 쓰고 마케팅을 했어야 했어요. 나름 사명감을 가질 수도 있었겠지만, 생기지 않더라고요. 그때 깨달았죠. '아, 나는 회사 생활보다는 일이 더 중요하구나' 하고요.

그래도 회사 생활이 편했을 테니 쉽게 그만두기는 어려웠을 것 같아요. 사람에게는 관성이 있고, 지금 누리고 있는 편안함을 포기하는 건 그 관성에서 벗어나는 것만큼 어려운 일이니까.

맞아요. 그런데 한번 큰 계기가 있었어요. 제가 대학 시절에 돈을 열심히 모아서 외국에 잠깐 나간 적이 있었어요. 영국을 좋아해서 다짜고짜 그곳에서 1년 정도 살았거든요. 음악을 너무 좋아하니까, 음악 하면 또 영국이고, 그래서 꼭 영국에 살아 보고 싶다고 생각했어요. 알바를 3개씩이나 해 가면서 생활을 유지해야 하는 힘든 시간이었지만, 그래도 즐거웠어요. 제가 제일 해 보고 싶었던 생활을 하고 있었으니까. 하루는 오랜만에 그때 영국에서 알고 지내던 독일인 친구와 연락이 닿았어요. 영상 통화로 안부를 물었는데, 제 표정이 안 좋아 보였나봐요. 제게 어떻게 지내냐고 묻길래 주절주절 신세 한탄을 했죠. 그랬더니 그 친구가 가만히 듣다가 한마디 하더라고요. '그러면 때려 쳐!'

남의 일이라고 쉽게 말하는 것 같은데요.

저도 그렇게 생각했어요. 그래서 제가 대뜸 '내가 지금 그만두면 네가 내 인생 책임질 거냐'라고 따졌는데, 제안을 하더라고요. 지금 자기가

나 좋자고 하는 일인데요

대학원을 다니고 있는데, 방학 기간이라 학생들이 다 자기 나라로 돌아가서 기숙사 방이 많이 비어 있다. 무료로 빌려줄 테니까 회사 때려 치고 독일로 오라고.

와, 진짜 흔들렸겠어요.

바로 퇴사했어요.

아하.

정말 바로 퇴사하고, 무작정 비행기표 끊고 독일로 날아갔어요. 친구가 있던 동네가 뉘른베르크 근처에 있는 에를랑겐이라는 도시였거든요. 그 동네에서 한 달 정도 머무르기로 했죠.

회사에서 갔던 외국, 그리고 그만두고 자신의 의지로 간 외국. 사뭇 달랐을 것 같아요.

열심히 놀았어요.(웃음) 맨날 자전거 타고 도시 돌아다니고, 친구들이랑 술 마시고, 노래 부르고, 공연 보러 다니고…. 일정 없는 날엔 책 읽으면서 보내고 그랬죠. 토론 구경도 많이 했어요. 외국 애들은 토론을 정말 많이 해요. 환경 문제부터 시작해서 주제도 엄청 다양해요. 올림픽에서 만들어 낸 쓰레기의 양이 정말로 괜찮냐, 이런 주제들부터 시작해서 하루 종일 토론하고 이야기하고 그래요. 독서 토론도 해요. 밤새 해요. 본인이 좋아하는 게 있고 관심 있는 주제가 있으면 진심으로 파고들며 밤새 이야기할 수 있는 거예요. 그때 친구들의 모습에 반사된 제 모습을 보면서 '나는 저렇게 밤새 이야기할 수 있는 게 뭐가 있지?'라는 생각을 하게 됐죠. 친구들이랑 시간을 보내면 보낼수록 제가 좋아하는 것들을 찾고 싶은 갈증이 더 많이 생겼어요. 그래서 독일에서 머무르는 편한 시간을 뒤로하고 무작정 다른 나라로 떠나기로 했죠.

목적지는 없지만, 목적은 있는 여행이었네요.

먼저 북유럽을 갔어요. 북유럽에 가서 자연을 보고, 정처 없이 여행을 하다가 그다음엔 크로아티아로 가고… 또 세르비아로 가고…. 그렇게 유럽을 한 바퀴 쭉 돌면서 이런저런 자아 성찰을 했던 것 같아요. 여행하다가 본인이 좋아하는 걸 갖고 있는 사람들을 만나면 또 부러워하고, 나는 뭘 좋아하는 건가 고민하는 여정을 반복했죠. 그러다 영국에 다시 갔어요. 생각해 보니까, 제가 뭔가를 너무 좋아해서 행동으로 옮겼던 일 중에 가장 기억에 남는 게 영국에 갔던 일이더라고요. 다시 영국에 가면 뭔가 힌트가 있지 않을까 했죠.

다시 돌아간 영국에는 뭐가 있었나요?

아뇨, 딱히 그렇지는 않았어요. 옛날처럼 공연 보러 다니고 음악 듣고 했지만 '내가 진짜 좋아하는 게 뭐지?'라는 대답은 찾기 어려웠어요. 그러다 마지막 여행지라는 생각으로 프랑스에 갔어요. 영국에서 프랑스까지 비행기나 고속 기차를 타지 않으면 버스 타고 배 타는 여정을 15시간 가까이 해야 해요. 배를 타고 있는 동안에는 갑판 바닥에서 자야 했어요. 잠을 자려고 옆을 보니까 10대쯤으로 보이는 여자애가 자려고 하고 있더라고요. 여행을 하다 보면 용기가 생기거든요. 말을 걸었어요. '너는 왜 이렇게 힘든 여행을 하고 있어?'라고 물으니, 디즈니랜드에 가고 싶어서라고 하더라고요. 자기는 일본계 캐나다 사람이고 19살인데, 프랑

나 좋자고 하는 일인데요

스 디즈니랜드에 너무 가 보고 싶어서 무작정 영국에서 프랑스로 가고 있다고 했어요. 그때 머리를 한 대 맞은 느낌이었어요. 좋아하는 것과 하고 싶은 게 뭔지 알면 이렇게 용기를 내고 무모해질 수 있구나. 내가 뭘 좋아하는지 아직은 모르지만, 그게 뭔지 알기만 한다면 나도 이 꼬마 친구처럼 할 수 있을 것 같다는 생각이 들었어요. 프랑스에 도착해서는 영국에서 살 때 알고 지내던 친구를 만났어요. 영국에 있을 때 맨날 같이 알바하고, 수다 떨고, 미술 이야기도 많이 나눴던 친구였거든요. 그런데 그 친구가 미술관 큐레이터가 돼 있더라고요. 미술관 구경도 시켜 주고, 그림 설명도 해 주는 모습을 지켜보는데 정말 부러웠어요. 본인이 좋아하는 일을 하고 있는 사람의 모습은 이런 모습이구나. 나도 한국에 돌아가면 좋아하는 일을 해야지.

한국에 돌아와서는 좋아하는 걸 찾았나요? 좋아하는 걸 찾는 여정도 궁금하지만 스스로 '좋아한다'고 판단한 주제가 뭐였는지 더 궁금해요.

제가 좋아하는 게 많더라고요.(웃음) 그래서 시행착오가 있었어요. 그때 느낀 게, 좋아한다고 해서 다 직업으로 삼을 수는 없다는 거였어요. 좋아하는 것들 중에서도 직업으로 삼을 만한 게 따로 있었죠. 첫 시행착오는 여행이었어요. 여행을 좋아하니까, 여행을 직업으로 삼아야겠다고 생각했던 거죠. 참 단순하죠? 취업을 하려고 알아보니, 제3세계를 중심으로 투어를 다니는 여행사가 있더라고요.

그 와중에 조금 독특한 회사를 고르셨네요.

진짜 재미있는 회사였어요. 메이저 국가들이 아닌 나라들을 여행하는 투어도 있었고, 잘 알려진 나라를 가더라도 특이한 콘셉트로 투어를 하는 회사였어요. 예를 들면 일본에서 일주일 동안 우동 맛집만 돌아다니는…. 그래서 가이드가 되겠다고 면접을 봤는데, 면접을 보는 동안 '내가 이만큼이나 여행을 좋아하던가…?'라는 생각을 하게 되더라고요. 그도 그럴 게 같이 면접을 본 사람들이 10명 정도 됐는데, 제가 그중에서 여행에 가장 덜 진심인 것 같은 거예요. 저도 나름 파란만장하게 여행 다녔다고 생각했는데, 옆 사람은 '2년 동안 새우잡이 배를 타고 모은 돈으로 세계 일주를 했습니다!' 이러고 있고, 또 다른 사람은 이미 수십 개국에 다녀와서 책을 쓴 사람이고. 이 사람들을 보니까 '아, 내가 있을 자리가 아닌가?' 하는 생각도 들고…. 그래서 거의 최종 면접까지 갔다가 그만뒀어요. 내가 진짜 좋아하는 게 이게 아닐 수도 있겠다는 생각이 들었거든요.

그리고 다음 회사에서 좋아하는 걸 찾았군요.

제가 집에서 책 읽는 걸 엄청 좋아했잖아요. 거기엔 만화책도 있었거든요. 만화책도 책이니까! 만화를 엄청 좋아해서 덕후라는 소문도 나 있었고…. 그런데 참 신기한 게, 제가 네이버에서 일하면서 알게 된 분들이 제가 외국에 다녀온 사이에 새로운 회사로 이직하신 거예요. 그곳이 바로 피키캐스트였어요. 하루는 저한테 연락하셔서 '여기 새로 생긴 회사고 콘텐츠 만드는 곳인데 한번 면접이나 볼래?'라고 묻길래 가겠다고 했죠. 어쨌든 나는 뭔가 읽는 걸 좋아하니까, 가면 뭐라도 되겠지 싶어서 바로 이력서를 냈는데 일주일 만에 덜컥 합격해 버렸어요.

피키캐스트에서는 좋아하는 일을 했나요?

처음부터는 아니었던 것 같아요. 새로운 회사고, 면접 때문에 잠깐 봤던 회사의 분위기가 좋아서 일단 들어가고 싶었던 것도 있었거든요. 그래서 처음엔 마케팅으로 입사했어요. 그러다 우연히 회사에서 만화 이야기를 하다가 제가 얼마나 만화 덕후인지를 말할 기회가 있었어요. 어린 시절에 봤던 만화책이랑 애니메이션이 한가득이니까 할 말도 엄청 많았죠. 작은 회사였다 보니까 대표님이랑도 친해서 이런저런 이야기를 나누곤 했는데, 하루는 대표님이 사무실에 오더니 '네가 만화를 그렇게 좋아한다며?'라고 하시더라고요. 그렇다고 했죠. 사실이니까! 그런데 갑자기 대표님이 '이번에 우리 피키툰이라고 새롭게 웹툰할 건데, 네가 해볼래?'라면서 새로운 일을 주시더라고요. 그래서 엉겁결에 웹툰팀을 맡게 됐어요. 그것도 팀원은 1명도 없는 팀의 팀장이 돼 버려서, 새롭게 팀원을 뽑는 일부터 시작했죠.

정말 우연히 좋아하는 일을 다시 직업으로 하게 된 거네요.

그렇죠. 처음부터 웹툰하겠다고 들어간 게 아니었으니까요. 하지만 좋아하는 일을 직업으로 해서 그런지, 정말 재미있게 일했어요. 새로운 작가들도 많이 만나고, 유명한 작가님들과도 같이 일하고.

주로 어떤 일들이었어요?

웹툰 연재에 필요한 모든 일을 처음부터 끝까지 다 했어요. 신인 작가들을 발굴하고, 작가들이 원고 보내오면 검수하고, 마케팅하고, 앱 개선도 하고…. 그중에서도 제일 재미있게 했던 건 신인 작가들을 발굴하는 일이었어요. 제 시선으로 잠재력 있는 작가를 발굴해서 세상에 내놓는 일이 좋았어요. 이건 지금도 마찬가지예요. 대학교 갓 졸업한 작가님들을 발굴해서 피키툰에 올리면 사람들이 좋아해 줄 때의 희열을 잊지 못해요. 제 눈에 좋아 보이는 그림체나 이야기들이 사람들한테도 그렇게 보이면 인정받은 기분이잖아요. 그때 발굴했던 작가님 중에 지금은 카카오페이지 같은 곳에서 100만 뷰 작가님이 되신 분들도 있어요. 또 유명한 작가님들하고 협업도 많이 했죠. 이말년 작가님, 주호민 작가님 같은 분들하고도 작업했어요. 작가님 게임 방송하는데 원고 독촉하러 많이 갔고,(웃음) 또 주호민 작가님하고는 〈만화전쟁〉이라는 웹툰을 같이 작업했어요. 한국에서 망한 만화가가 만화를 그려서 찌라시처럼 하늘에 날렸는데, 그게 북한으로 넘어가서 인기를 끌게 되는 시놉시스의 만화였어요. 대박이 나진 않았지만…. 그래도 정말 즐겁게 일했어요. 매일 밤 늦게까지 야근하면서 체력적으로 힘들었지만 좋아하는 일을 하면 힘들더라도 버틸 수 있다는 걸 알았죠. 하지만 피키캐스트가 몇 년 뒤에 상황이 안 좋아지면서 이직을 하게 됐어요.

좋아하는 일을 계속할 수 없는 상황이 안타까웠을 것 같아요.

네, 회사를 지키려고 정말 오래 버텼던 것 같아요. 사람들 다 나가는 마당에도 최대한 끝까지 있으려고 했거든요. 내가 좋아한 일과 회사였으니까요. 하지만 저도 더 버티기엔 어려웠고, 결국 새로운 일을 찾아 떠나야 했어요.

피키캐스트에서 웹툰을 하다가 CJ E&M과 FLO로 넘어갔어요. 웹툰에서 음악으로 넘어가는 일이 쉬운 일은 아닐 것 같은데, 뒷이야기가 궁금합니다. 직무를 바꾸는 일만큼이나 산업을 바꾸는 일이 어려운데 이걸 어떻게 해내셨는지.

웹툰이랑 음악은 다르죠. 함께하는 사람들도 다르고, 결과물도 다르고, 필요한 지식도 다르고요. 그런데 제가 이때쯤에 제 일에 대해서 하나 깨

나 좋자고 하는 일인데요

달은 게 있었어요. 내가 하는 일은 새로운 것들을 계속 발굴해서 대중 앞에 보이는 일이라는 걸요. 이미 알려진 사람들만으로는 새로운 일을 할 수 없어요. 웹툰은 작가라면, 음악은 뮤지션이겠죠. 숨겨진 뮤지션들을 찾아내고, 그들을 대중 앞에 세우고 사랑받을 수 있도록 홍보를 고민하고 멋지게 만드는 일련의 과정들이 새로운 웹툰 작가를 발굴하는 일과 같다고 생각했어요. 실제로 면접에서도 이렇게 말씀드렸고요. 아마 면접관님들도 비슷하게 생각하셨을 거예요.

그래도 음악에 대한 관심이 아예 없다면 불가능한 일이었을 것 같아요.

네, 또 블로그 덕을 본 것 같아요.(웃음) 블로그가 유명해서였다기보다는, 제가 블로그를 쓰면서 갖게 된 지식들이 있었으니까 그걸 봐 주신 거라고 생각해요. 면접 볼 때 제가 좋아하는 뮤지션과 음악들에 대한 이야기를 정말 신나게 떠들었던 기억이 나요. 입사하고서 그때 면접관으로 계셨던 분에게 여쭤보니 '면접인데 긴장도 없이 신나서 음악 이야기 떠드는 게 신기했다'라고 말씀하시더라고요. 아마 그 과정에서 제 열정을 보신 것 같아요. 또 콘텐츠를 만드는 사람에게 필요한 태도 같은 것들도 봤을 테고요. 음악을 일로 한 적은 없었지만 그동안의 관심이 진심이었던 걸 어필했고 그걸 인정해 주셔서 감사하게도 음악을 일로 하게 됐죠. FLO로 넘어오게 된 것도 이때의 음악 경력이 도움이 됐고요.

좋아하는 일을 직업으로 삼았을 때의 후회나 불안 같은 건 없었는지 궁금해요. 저도 음악을 좋아하지만, 항상 주변에서 '좋아하는 게 일이 되면 즐기지 못하고 일로만 대하게 된다'라는 우려를 많이 들었거든요.

후회는 없어요. 오히려 내가 부족해서, 더 잘했으면 어땠을까 하는 생각은 많이 했죠. 회사 생활 경력은 길지만 음악은 이제 4~5년 차 정도밖에 안 됐잖아요? 음악 업력으로만 보면 성장할 일이 아직 많이 남은 거죠. 더 공부하고 더 많이 알아야겠다는 생각은 있지만 후회한 적은 한 번도 없어요.

그 말씀은 힘들더라도 재미있는 게 더 많다는 말로 들리네요.

좋아하는 아티스트와 같이 작업할 때 가장 감동적이고 즐겁죠. 제가 흠모하는 아티스트가 제 작업물을 좋아해서 고맙다고 연락이 오는 경우가 있는데, 그 뿌듯함은 이루 말할 수 없어요. 정말 행복하다, 이거 하길 잘했다는 생각들을 할 때가 많아요.

일하면서 누군가가 나에게 고마워하는 순간들이 있다는 건 귀한 일인 것 같아요. 아티스트들이 감사를 표할 때는 어떤 순간들인가요?

알려져 있지 않은 아티스트를 발굴해서 세상에 알렸을 때, 혹은 아티스트의 속마음을 읽고 그걸 글로 쓸 때인 것 같아요. FLO에 있으면서 '스테이지앤플로'라는 프로젝트를 했는데, 100개의 인디 팀을 선정해서 그들을 영상 기록으로 남기는 일이었거든요. 유명한 아티스트들도 많이 나왔지만, 그렇지 않은 팀들도 있어요. 제가 평소에 지켜보면서 알려졌으면 좋겠다 싶은 뮤지션들이었죠. 비인기 뮤지션들에게는 알려질 수 있는 기회가 정말 소중해요. 유튜브에 영상 자료 하나도 제대로 갖고 있지 못한 밴드들도 많거든요. 그런 뮤지션들을 초대해서 영상으로 남기고 소개했는데 한 뮤지션이 제게 정말로 고맙다고 이야기했던 적이 있어요. 또 기억에 남는 건 제가 정말 좋아하는 뮤지션인 이랑 님과의 작업이었어요. 이랑 님의 영상은 사실 정말 많아요. 그래서 이랑 님의 연주

제가 흠모하는 아티스트가 제 작업물을 좋아해서
고맙다고 연락이 오는 경우가 있는데,
그 뿌듯함은 이루 말할 수 없어요.

를 담으면서 조금 특별하게 만들고 싶다는 생각을 했어요. 이랑 님은 공연할 때 가사 전달을 위해서 수화 통역사를 모시거나 자막을 같이 내보내요. 자신의 팬들 중에 청각 장애를 가지신 분들이 있는데, 그분들에게 정확한 의미를 전달하기 위해서거든요. 그래서 저희도 평소 영상과 다르게 이랑 님의 영상에는 자막을 붙여서 만들었죠. 저희의 진심을 알아주신 이랑 님이 영상을 함께 포스팅해 주시면서 감사하다고 인사를 하시더라고요. 그럴 때 뿌듯함을 느끼죠. 아, 내가 뮤지션과 함께 일하면서 그들과 소통하고 마음을 공유하고 있구나.

보통 인디 밴드 음악을 듣는 사람들은 농담처럼 '이 뮤지션 나만 알고 싶은데'라고 할 때가 많잖아요. 혜림 님에게는 그런 마음이 없나요?

없어요. 없어야 해요. 나만 알고 있으면 그 뮤지션은 망해요. 아마 다들 경험이 있을 거예요. 좋아하는 뮤지션이었는데 유명해지지 못하더니 어느새 사라져 버린. 그래서 저는 제가 좋아하는 뮤지션들은 사라지지 않게 더 유명해져야 한다고 생각해요. 그러면 뮤지션은 더 좋은 음악으로 보답하거든요. 코로나 때문에 많은 뮤지션이 사라졌어요. 공연을 못 하게 되면서 자신을 알릴 기회가 사라졌으니까요. 스테이지앤플로도 사실 그런 이유 때문에 시작한 거였어요. 뮤지션들이 자신들을 알릴 공간이 점차 사라지고 있다. 코로나 시기가 길어지면서 사람들에게서 잊혀지고 있다. 공연장들도 덩달아 사라지고 있다. 그러니 그들에게 공연할 수 있는 공간을 주고 사라지는 공연장의 기록을 남겨 그들을 세상에 알리자는 취지로 시작한 거였죠. 새로운 팀을 발굴하고 알리는 것만큼이나 사람들이 그들을 잊지 않게 만드는 것도 필요한 일이거든요. 100팀을 작업하는 게 사실 쉽지 않았어요. 예산과 기간은 한정돼 있으니 모든 팀을 다 부를 수도 없었고, 또 100팀을 촬영하고 제작하는 분들에게도 쉽지

나 좋자고 하는 일인데요

않은 일이었거든요. 그래서 다 끝나고서 서로 부둥켜안고 눈물을 글썽거리면서 '그래도 우리 해냈다!' 하기도 했어요. 우리가 대단한 기록을 남겼구나 하면서요.

혜림 님이 만들어 내는 글이나 영상에는 조금 다른 점들이 있는 것 같아요. 다른 평론가들은 기술적인 면에 집중한다면, 혜림 님이 만드는 것들에는 이야기가 있다고 해야 할까요.

그런 부분 때문에 한국대중음악상에서도 심사 위원으로 불러 주신 거라고 생각해요. 저는 여전히 '내가 전문가인가?' 하고 자신에게 되물을 때가 많아요. 말씀 주신 것처럼 제가 음악적 기술에 대한 이해가 전문가 수준으로 엄청 높거나 전공을 한 건 아니니까요. 그런데 제 글이 좋다고 해 주시는 분들은 대부분 제 글에 담긴 이야기들을 좋아해 주세요. 종종 특이하고 신선하다고 해 주시는 분도 많아요. 한번은 제가 어떤 뮤지션의 음악을 듣는데 한 소설이 생각나더라고요. 그래서 그 소설 주인공의 마음으로 평론을 쓴 적이 있는데, 마침 그 뮤지션이 저와 같은 마음이었던 거예요. 그분이 '제 마음을 읽으신 것 같다'라고 답을 주신 적이 있는데 그때 '아, 내가 그래도 허튼 평론을 하고 있는 건 아니구나'라고 생각했어요. 물론 저도 때로는 '이 음악의 브라스 세션이 탁월하다' 같은 멋진 칼럼을 쓰고 싶긴 하지만, 제가 가진 장점은 아니니까요. 뮤지션이 이 음악을 왜 이렇게 표현했는지, 어떤 마음이었을지, 이 음악이 우리에게 어떻게 닿고 있는지를 중심으로 글을 쓰다 보니 그렇게 평가해 주시는 것 같네요.

혜림 님이 그동안 읽고 봤던 책과 영화들이 글의 재료가 되는 것 같다는 생각이 드네요.

먼저 음악을 듣고 느껴지는 감정들과 떠오르는 장면들을 생각해요. 그러면 그 장면들이 자연스럽게 제가 봤던 책이나 영화들로 이어져요. 블로그에 글을 쓸 때도 그런 식이었어요. 한 단락을 쓰고 나면 그다음으로 써야 할 내용들이 제가 그동안 읽고 봐 왔던 책과 영화로 이어지는…. 음악도 하나의 이야기잖아요. 뮤지션들이 어떻게 내 마음을 알았냐고 말하는 건, 결국 그 음악의 주인공이었던 뮤지션들에게 이입할 수 있기 때문인 것 같아요. 이렇게 탄생한 글은 아무래도 다른 평론가님들의 글과는 조금 다르겠죠? 제가 존경하는 평론가님들처럼 대단한 글은 아닐지라도 조금 더 감성적이고 개인적인 글이 나오니, 이런 글들을 사랑하고 재미있어 해 주시는 것 같네요.

혜림 님에게는 몰입하는 힘이 있는 것 같아요. 어떤 것 하나에 꽂히면 그 분야에 몰입하고, 결국 그 몰입하는 과정에서 다른 사람들도 함께 빠져들게 하는 힘이 있달까요.

그게 제 장점이자 단점 같아요. 좋아하는 걸 발견했거나 조금 재미있을 것 같으면 경주마처럼 달려들거든요. 결국은 다 해내죠. 그런데 그 과정에서 잃는 것들이 있었어요. 예전 팀장님이 저한테 건강을 잃지 않아야 오래 간다고 했는데, 사실 그 말을 아주 귀담아듣지 않았거든요. 덕분에 잃어버린 건강들이 조금 있죠. 좋아하는 일도 내가 온전하지 않으면 오래 할 수 없다는 생각을 해요. 그래서 건강을 더 신경 쓰려고 노력해요.

혜림 님처럼 커리어를 쌓고 싶어 하는 친구들과 음악을 사랑하는 사람들이 많아요. 평소에도 많이 질문 받을 것 같은데, 어떻게 조언해 주나요?

현업에 가야만 알 수 있는 직업들이 있어요. 예를 들어 'A&R'이라는 직

나 좋자고 하는 일인데요

업이 그래요. 아티스트 앤 레퍼토리(Artist and Repertoire)라는 뜻인데, 아티스트의 음반 기획 과정을 총괄하는 직업을 말하거든요. 새로운 뮤지션을 발굴하기도 하고요. 음악 산업에는 저처럼 악기나 노래를 꼭 잘하지 않아도 먹고 살 수 있는 직업들이 있어요. 아마 그런 부분을 신기하게 보는 것 같아요. '혜림 님은 무슨 일을 하시는 거예요?'라고 물으면 음악과 관련된 모든 일을 하고 있다고 말해요. 글도 쓰고, 콘텐츠도 만들고, 영상도 만들고, 오디오도 만들고…. 말 그대로 뮤지션과 음악이 빛나기 위한 모든 일을 서포트하는 거죠. 그러면 그다음 질문들이 조금 귀엽고 황당하면서도 안쓰러워요. '그럼 무슨 시험을 봐야 하나요?' '대학에서 무슨 전공을 해야 하나요?' 같은 질문들을 하거든요. 직업을 구하는 시선이 그 정도에서 머물러 있다는 거죠. 사실 그런 것들이랑은 아무 상관없잖아요. 제가 했던 건 음악을 사랑하는 일, 그리고 제가 좋아하는 영화와 책을 꾸준히 곁에 둔 거거든요. 공부나 전공으로 해결되는 게 아닌데, 그런 부분에서는 조금 안타까워서 더 넓은 시야를 가지라고 말하죠. 차라리 돈을 쓰라고 해요. 공연 많이 보러 다니고, 음반 많이 모으고 그러라고.(웃음)

앞으로도 음악 일을 계속하고 싶으신가요?

네, 음악은 쭉 하고 싶어요.

다른 일들은 중간에 그만두기도 했고, 좋아하는 일을 찾아 방황하던 경험에 비하면 음악 일은 뭔가 정착하신 느낌이 들어요.

직업이 음악이 아닐 수는 있겠죠. 음악은 어떻게든 손에서 놓지 않으면 계속할 수 있어요. 심사 위원님들 중에서는 투잡하시는 분들 많아요. 무역 회사 다니면서, 자영업하면서 평론하시는 분들도 있어요. 제가 혹시라도 다른 이슈로 다른 일을 하게 되더라도, 음악은 끝까지 놓지 않을 수 있겠다는 믿음은 그런 지점에서 생기는 것 같아요. 연결 고리를 계속 갖고 있다면 음악은 계속할 수 있겠다는 생각이 들어요. 사실 다른 일들에 비해서 가장 빨리 인정받은 것도 음악인 것 같아요. 적성을 뒤늦게 찾았지만, 잘 찾은 거죠. 10년을 넘게 일하고서야 비로소 이게 내 적성이라고 자신 있게 말할 수 있는 게 웃기지만, 이렇게 해서라도 찾은 게 다행이라고 생각해요. 지금처럼 계속 음악 일을 한다면 제가 이 산업에 일조할 수 있는 게 생기지 않을까요? 지금 그 정도 자신감은 있어요.

앞으로는 어떤 어른이 되고 싶은가요?

편견 없고 평화롭고 귀여운 어른이 되고 싶어요. 낭만을 잃지 않는 어른. 제가 다른 곳에 강연을 가거나 모임에 가면 항상 하는 말이에요. 우리는 이 세상 어디에 있든 행복해야 한다. 제가 가난했든 힘들었든 계약직이었든 온 동네 무시를 당하고 살았을 때도 좋아하는 게 있다는 낭만과 희망으로 버텨 왔던 것 같아요. 아무리 힘들어도 책과 영화를 좋아하고, 또 그걸 글로 써서 사람들하고 나눈 덕에 제가 좋아하는 일을 직업으로 이어서 할 수 있었던 거니까요.

어디에 있더라도 행복해야 한다는 말이 마치 브로콜리너마저의 〈졸업〉 가사처럼 들리네요.

맞아요. 그런 감성인 거죠. 그리고 귀여운 어른이 되고 싶어요. 꼰대가 되지 않고, 나중에 할머니가 되더라도 손주들하고 음악 이야기를 할 수 있는 어른이랄까요. 틱톡 챌린지를 하는 힙한 할머니까지는 아니더라도

아이돌 이야기도 같이 하고 좋아하는 멤버 이야기 정도는 할 수 있는 할머니가 되고 싶달까.(웃음)

김미리

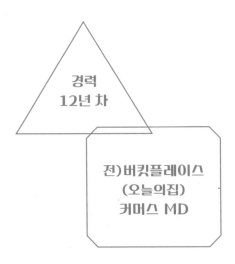

경력
12년 차

전)버킷플레이스
(오늘의집)
커머스 MD

휠라, 위메프 등의 패션 브랜드와 e커머스를 거쳐 스타일쉐어에 패션 MD로 합류했다. 스타일쉐어가 무신사에 인수된 2021년까지 패션 카테고리를 총괄하는 MD로 활동하며 국내외 600여 개의 브랜드 입점부터 판매, 상품 기획을 맡아 스타일쉐어의 성장을 이끌었다. 이후 국내 최대 인테리어 플랫폼인 '오늘의집'을 서비스하는 버킷플레이스에 합류, 새로운 카테고리를 확장하고 성장시키는 역할을 맡았다. 최근에는 조직을 벗어나 스스로를 고용하는 프리워커로서의 커리어를 시작했다.

"더 오래가기 위해, 일과 삶의
경계를 느슨하게 구분 지어요."

사람은 누군가를 사랑할 때 균형을 잃게 된다. 보통 사랑이란 시간과 정성을 쓰는 일이다. 사랑을 시작하기 전에는 평화로웠던 시간과 일상의 균형은 사랑을 시작하자마자 어긋나게 된다. 평소 내가 쓰지 않았던 시간을 사랑하는 대상을 위해 써야 하기 때문이다.

시간의 불균형은 종종 사랑의 척도가 되기도 한다. 사랑하는 사람을 만나면서 균형을 따지는 사람은 시작부터 정이 떨어질 수도 있다. '너를 너무 사랑하지만, 우리는 일주일에 한 번씩만 만나자. 나머지 시간은 나를 위해 쓰고 싶어' 같은 말들은 그럴싸해 보이지만, 듣는 이의 입장에서는 재수 없어 보일지도 모른다.

그러나 한편으로 우리는 상대방을 자신의 모든 시간 속에 채워 넣을 수 없다는 것을 안다. 그를 너무 사랑한 나머지 나의 모든 것을 내려놓고 모든 시간을 사랑으로 채운다면 결국 나를 잃게 될 것이다. 오래된 사랑에는 균형이 있다. 결국 사랑이란 불균형에서 균형을 다시 찾아가는 과정이며, 영원한 사랑이란 그 균형 속에서 상대방을 잃지 않는 방법을 깨닫는 것이다.

나 좋자고 하는 일인데요

사람에 대한 사랑뿐일까? 일에 대한 사랑도 마찬가지다. 자신의 일을 증오하고 싶은 사람은 없다. 누구나 자신의 일과 사랑에 빠지기 원하며, 자신이 사랑한 그 일로 성공하길 원한다. 그래서 자신이 그토록 원하던 일을 찾아내 사랑에 빠진 사람에게도 불균형은 찾아온다. 쉬고, 자고, 먹는 시간을 아껴 가며 시간과 정성을 쏟고 자신을 희생해 가면서 일과 사랑에 빠진다.

미래에 어떤 직업을 갖고 싶냐는 질문에, '워라밸이 좋은 직업'을 말하는 사람들을 종종 마주친다. 내게 그런 말들은 어떤 사람과 결혼하고 싶냐는 질문에 일주일에 한 번만 만나는 사람과 결혼하고 싶다는 말처럼 낭만 없는 소리로 들린다. 어떤 직업일지도 모르는데 벌써부터 일과 거리를 두려는 마음은, 어쩌면 내가 하는 일과 사랑에 빠지고 싶지 않다는 말일지도 모른다. 결혼할 만한 사람을 찾는 일도, 평생의 직업으로 삼을 직업을 만나는 일도 어려운 일임을 알지만 시도도 하기 전에 포기할 수는 없지 않은가. 그러던 어느 봄날, 우연히 음성 소셜 미디어 클럽하우스를 떠돌다 그녀를 만났다.

'주말에는 소망이라는 고양이 한 마리와 함께 시골에 내려가 귀촌 생활을 하고 있어요.'
'그러시군요. 그런 한가롭고 평화로운 삶 좋죠. 부럽네요. 평소에는 어떤 일을 하세요?'
'가장 최근에는 라이프 스타일 슈퍼 앱 '오늘의집'에서 새로운 카테고리를 확장하는 일을 했죠. 새로 오픈한 캠핑 카테고리부터 시작해서 그동안 오늘의집이 다루지 않았던 새로운 영역들을 확장하며…'

이것은 도대체 무슨 조화일까. 이토록 한가한 일상과 일에 대한 열정의 균형을 맞추는 이가 있다니. 자신의 시골 생활을 읊는 그녀의 목소리에서는 차분함과 평화가 느껴지다가도, 일에 대해 이야기할 땐 그 어떤 프로페셔널보다도 열정적이고 단단한 마음이 느껴졌다. 모두가 일에 대한 로망을 잃고 있는 이 시대에 어쩌면 그녀가 어떤 해결책을 알고 있는 것은 아닐까.

일과 삶의 균형을 위해 워라밸을 외치는 아이러니한 이 시대에서, 이제는 워라밸이 아닌 일과 삶이 함께 어우러지는 '워라블(Work and Life Blending)'이 필요하다고 말하는 김미리를 만났다.

나 좋자고 하는 일인데요

이번 주에는 시골집으로 내려가지 않으셨네요. 충청도에 내려가서 인터뷰할 각오가 돼 있었는데. 서울에서 만나 뵈니 괜히 더 반갑습니다.

마음은 매주 내려가고 싶지만, 도시인의 생활이 그렇게 규칙적이긴 어려우니까요. 중요한 일정도 있었고, 인터뷰도 해야 했고. 그래서 이번 주에는 내려가지 않고 주말을 통으로 서울에서 지냈죠.

시골 이야기는 이따가 할 테니, 잠깐 일 이야기를 해 볼까요. 오늘의집에 계실 때는 구체적으로 어떤 일을 하셨나요?

정확한 이름은 '커머스 카테고리 리드(Commerce Category Lead)'고요, 이렇게 말하면 좀 어려우니까 쉽게 설명하자면 오늘의집 앱에 있는 스토어(상점)의 다양한 지표를 관리하는 일을 했어요. 이렇게 말해도 어렵죠?(웃음) 더 쉽게 말하면 유저가 물건을 구매할 때 더 좋은 구매 경험을 만들기 위해 다양한 브랜드와 상품을 준비하는 일, 쇼핑을 하다가 중간에 멈추지 않고 계속 쇼핑할 수 있도록 매력적인 가격을 관리하는 일, 다른 사이트에는 없는 우리만의 장점들을 잘 유지할 수 있도록 돕는 일

나 좋자고 하는 일인데요

이라고 말하면 될 것 같네요. 리드(Lead)는 쉽게 말하면 팀장인데, 저와 함께 일하고 있는 팀 구성원들이 앞서 말한 일들을 더 잘할 수 있도록 목표를 세우고 그 목표를 관리하는 일을 함께하곤 했습니다.

조금 더 구체적으로 설명해 주실 수 있을까요? 오늘의집 앱 어디에서 미리 님의 흔적을 찾아볼 수 있는지 궁금해요.

오늘의집은 사람들의 라이프 스타일을 바꾸는 서비스라고 생각해요. 그런데 사람들은 여전히 인테리어와 관련된 제품을 파는 곳으로 알고 있는 경우가 많죠. 그래서 저는 주로 오늘의집에서 판매하고 있는 상품 카테고리를 확장하고, 나아가 오늘의집이 인테리어뿐 아니라 삶과 관련된 모든 제품을 다양하게 파는 곳이라는 것을 알려 주기 위한 일을 하곤 했어요. 구체적으로 말씀드리면 캠핑같이 새로운 카테고리의 사업성을 판단하고 새롭게 여는 일을 했어요. 서비스 이름이 '오늘의집'인데, 캠핑은 집 바깥에서 하는 거잖아요? 그런데 데이터를 보다 보면 사람들이 캠핑을 꼭 밖에서 하고 싶어 하는 것만은 아니더라고요. 테라스 캠핑, 베란다 캠핑 같은 트렌드가 점점 늘어나는 걸 보고 있다 보면 '아, 사람들이 오늘의집에서 캠핑 제품을 살 수 있게 해 보자' 하는 생각을 하게 되죠. 이렇게 사람들이 오늘의집에서 경험할 수 있는 카테고리들을 늘리고, 이를 통해 사람들의 라이프 스타일에 영향을 주는 서비스로 성장시키는 게 제게 주어진 임무였죠.

종종 오늘의집에 들어가면 '오늘의집에서 이런것도 팔아?'라는 생각이 드는 아이템들이 있었는데, 그게 다 미리 님의 작품이었던 거군요. 저는 정말로 인테리어에 필요한 제품만 파는 곳이라고 생각했는데, 최근에는 정말 다양한 제품이 들어와 있다고 느껴요.

사람들의 라이프 스타일은 다양하니까, 그 스타일에 맞는 제품들만 모아도 더 다채로워져요. 기존에 팔던 제품은 가구나 리빙 용품들이 많긴 했어요. 하지만 거기에만 머물러서는 사람들의 라이프 스타일을 다 포용할 수 없죠. 코로나 시기를 겪으면서 사람들의 라이프 스타일이 더 극적으로 바뀌기도 했어요. 예를 들면, 오늘의집에서도 운동 기구를 팔 수 있게 된 거죠. 왜? 사람들이 이제는 체육관에 가지 않고 집에서 운동을 하니까요. 홈트가 일상이 된 시대잖아요. 반려동물과 관련된 상품들도 비슷해요. 반려동물과 함께 사는 사람들의 집은 사람만 있는 집하고는 다르잖아요. 반려동물과 함께 사는 것도 하나의 라이프 스타일이 된 지 오래니까. 그래서 오늘의집에 반려동물과 관련된 아이템을 파는 카테고리가 추가될 수 있는 거죠. 많은 사람이 '오늘의집에서 이런 것도 팔아?'라고 느낄 수 있도록 더 다양한 카테고리를 고민하고 있어요.

사람들이 원하는 제품을 알아내고 그걸 카테고리로 만드는 과정이 신기하기도 하고 대단하다고 느껴지기도 해요. 그러면 사람들이 원하는 건 어떻게 알 수 있나요? 감으로 캐치하는 건지 아니면 다른 방법이 있는지 궁금해요.

제가 처음에 MD를 시작했을 때는 선배들도 '감'을 되게 중요한 요소로 봤어요. 사람들이 좋아할 만한 물건을 좋은 감으로 발굴하고 제품들을 기획하는 게 필요했달까요. 혹은 본인이 잘 아는 분야를 계속해서 파다 보면 나오는 전문성으로 상품을 기획하기도 했고요. 그런데 저는 그런 감이 좋은 MD는 아니었던 것 같아요. 대신 저는 확실한 것들을 믿으려고 하는 편이었어요. 시대가 지나면서는 데이터로 많은 것을 볼 수 있게 되면서 감보다 더 중요한 것들이 생겼죠. 예를 들면 유저의 반응과 행동 패턴들을 하나하나 뜯어서 볼 수 있게 됐어요. 오늘의집에는 매일 많은 유저가 본인의 일상을 사진과 글로 올려요. 유저들이 업로드하는 글과 사진에 홈트와 연관된 내용이 증가하면 검색어, 관련 상품 클릭률, 거래액과 같은 실제 데이터에도 그런 추세들이 반영돼요. 캠핑도, 반려동물도 마찬가지예요. 사람들이 관심을 가지고 좋아하기 시작하면 데이터는 반드시 그 마음을 보여 줘요. 저는 제가 팔고 싶은 물건들보다는 유저들이 원하는 물건들을 찾는 데 집중해요. 저 사실 캠핑도 별로 안 좋아하고, 홈트도 잘 안 해요.(웃음) 물론 집과 공간이라는 주제를 사랑하긴 하지만, 모든 분야를 다 잘 아는 건 아니니까요. 제가 좋아하는 분야를 팔 수도 있지만 유저가 지금 그 물건을 원하지 않을 수 있잖아요. 하지만 데이터로 캐치한 유저의 행동은 틀리지 않아요. 유저로부터 찾아낸 카테고리는 언제나 타이밍이 잘 맞습니다. 이미 살 준비와 받아들일 준비가 돼 있는 물건들이기 때문이에요.

그전에는 스타일쉐어를 비롯해 패션과 뷰티 쪽에 오래 계셨던 걸로 알고 있어요. 그런 데이터에 대한 믿음이 있었기 때문에 분야를 바꾸는 도전을 할 수 있었던 걸까요?

맞아요. 사실 분야가 다른 건 저한테는 큰 문제가 되지는 않았어요. 오히려 제가 잘할 수 있는 일이라고 생각했고요. 제가 주말 시골 생활을 시작하고서 얼마 지나지 않아 오늘의집에 합류하게 됐는데, 그러면서 자연스레 공간에 대한 관심이 많아지기도 했어요. 처음부터 잘 알던 분야는 아니었지만, 공간이라는 주제가 제 삶에서도 큰 주제가 된 거죠.

시골집 이야기도 궁금하지만, 일단은 일 이야기를 더 해 볼까요. 10년이 넘는 시간 동안 패션 MD를 하다가 분야를 바꾸셨어요. 새로운 도전을 결심하게 된 계기가 궁금해요.

저는 패션이 자신을 나타내는 하나의 수단이라고 생각하거든요. 그게 좋아서 계속 패션 쪽에 있었던 것 같아요. 옷으로 자신을 표현하는 일이 중요하다고 생각했기 때문에 패션 쪽에 오래 있을 수 있었죠. 그런데 제 라이프 스타일이 조금 변했어요. 나이가 들고, 생각하는 것도 바뀌면서 내 모습을 외적으로 꾸미는 것보다 더 의미 있는 게 있다고 생각했달까요. 그러다 보니 점차 제가 팔아야 하는 물건들에 대한 관심도 식었어요. MD는 신상품이 나오면 '여러분, 이걸 지금 구매하세요!' 해야 하는 직업인데, 약간 괴리가 생기더라고요. 그때 시골집을 짓게 됐고, 그 공간에서 위로를 많이 얻었어요. 그러면서 '꼭 패션만이 사람의 고유함을 나타내는 것은 아니구나' 하는 생각을 했고요. 그때부터 공간에 대한 관심이 많아지기 시작했어요.

왜 하필 패션에서 공간으로 바뀐 걸까요?

코로나 시기를 거치면서 저뿐만 아니라 많은 사람이 그렇게 바뀌었다고 생각해요. 집에 머무는 시간이 늘면서, 집에서 전보다 훨씬 다양한 활동을 하게 됐잖아요. 많은 사람이 공간의 중요성에 대해 이야기하고, 자신의 고유한 공간을 만들어 가는 일에 관심을 갖게 됐고요. 저는 e커머스 시장에서도 이런 추세가 지속될 거라고 생각했어요. 가능성이 높은 분야라고 생각한 거죠.

패션과 공간은 완전히 다른 분야지만, 나를 표현하는 수단으로 활용된다는 점에서 꽤나 비슷한 점이 많을 것 같아요.

맞아요. 패션을 좋아하는 사람들은 OOTD를 올려서 자신을 표현하고, 오늘의집 유저들은 공간을 찍은 사진으로 자신을 표현하죠. 누군가가

나 좋자고 하는 일인데요

올린 사진이나 게시글을 보고 사고 싶은 마음이 든다는 것도 비슷해요. 누가 예쁜 옷 입어서 올리면 그 옷이 궁금하듯, 다른 사람의 인테리어를 보고 영감을 얻기도 하니까요. 콘텐츠와 커머스를 결합시킬 수 있다는 점도 유사하다고 생각해요.

그런 생각의 변화가 오늘의집을 선택하게 만든 거군요.

시골집을 만들고 얼마 지나지 않았을 때, 우연히 오늘의집에서 온라인 집들이를 하게 됐어요. 온라인 집들이는 본인의 집 사진을 구석구석 찍어서 비포와 애프터를 비교해 가며 나의 공간을 소개하는 콘텐츠예요. 시골집은 제가 번아웃이 오면서 퇴사를 결심하고 시골의 한 폐가를 구해서 만든 집이었거든요. 폐가를 리모델링한 집이었기 때문에 비포와 애프터가 정말 확실했죠. 사람들의 반응도 좋았어요. 그러면서 오늘의집과 부쩍 친해지게 됐던 것 같아요. 저는 처음에 오늘의집이 인테리어 팁을 알려 주고 사람들 집을 구경시켜 주는 서비스인 줄 알았어요. 그런데 자세히 보니까 커뮤니티, 콘텐츠, 커머스가 결합된 서비스더라고요. 사람들의 집을 구경하다가 탐나는 제품이 보이면 바로 물건을 구매할 수도 있고, 그밖에도 일상과 관련된 제품들을 많이 팔고 있더라고요. '와, 여기 재미있겠다!'라는 생각이 들었는데, 공교롭게도 헤드헌터에게 오늘의집에 합류해 볼 생각이 있냐는 제안이 왔어요.

제안을 바로 수락하셨나요? 흥미를 느낀 회사에서 제안이 왔다면 저라면 바로 수락했을 것 같아요.

망설였어요. 아까는 잘할 수 있을 것 같다고 말하긴 했지만, 처음에는 저도 망설이긴 했어요. 패션만 했던 사람이고, 공간과 관련된 분야는 한

물건이라는 건
사람들의 삶을 이루는 중요한 요소이기 때문에
MD는 물건만 파는 게 아니라
사람들의 삶을 파는 거라고 생각할 때가 많아요.

번도 제대로 고민해 본 적 없는데 잘할 수 있을까 싶었죠. 그런데 곰곰이 생각해 보니, 스타일쉐어와 오늘의집이 유사한 점이 많더라고요. 스타일쉐어도 다른 유저가 올린 콘텐츠를 보고 반응하는 과정에서 구매가 일어나는 서비스예요. 콘텐츠랑 커머스가 함께 있는 건 엄청 매력적이에요. 사람들이 그곳에서 물건을 사야 하는 이유가 생기는 거거든요. 그래서 오늘의집도 똑같을 거라고 생각했어요. 콘텐츠가 있으면 사람들이 모이고, 사람들이 모이면 물건을 팔 수 있을 것이다. 주제만 달라졌을 뿐, 하는 일은 똑같다. 이곳에서도 내가 해 왔던 문법대로 일하면 해낼 수 있겠다는 생각을 했죠.

오늘의집을 선택하기 전에, 스타일쉐어를 그만두고 잠시 쉬어 가야겠다고 생각하게 된 계기도 궁금해요. 단순히 라이프 스타일의 변화만으로 10년 동안 했던 일을 그만두긴 어렵잖아요. 아까 번아웃이 왔다고 하셨는데, 그 과정에서 그만두고 싶은 마음은 왜 생겼는지 궁금합니다.

온라인에서 물건을 파는 일은 사실 쉬운 일이 아니에요. 보통 앱에서 물건을 살 때 주말이 가장 싸잖아요? 추석이나 설 연휴에 행사를 하기도 하고요. 휴일에 소비자들이 물건을 구매한다는 건, 휴일에 물건을 파는 사람이 있다는 말이죠. 이런 이벤트를 할 때는 평소보다 접속자도 많기 때문에 긴장 속에서 일을 해야 하고, 또 집중도 해야 해요. MD에게는 이런 일상들이 반복돼 익숙해질 법도 하지만 결국에는 이 과정들이 자신을 소진시키는 일이기 때문에 더 버티기가 힘들었던 것 같아요. 어느 순간 '아, 지금 멈춰야겠다'라는 생각이 들더라고요. 바로 퇴사를 할지, 아니면 잠시 쉬고 다른 일을 알아볼지 고민했지만 어떤 선택이든 충전이 필요하다고 생각했죠.

MD라는 직업에는 환희와 절망이 극명하게 있는 것 같아요.

잘 팔릴 때는 정말 기분 좋죠. 내가 파는 물건이 실제로 팔려서 사람들에게 쓰여지는 과정을 보는 건 행복한 일이에요. 한번은 길을 걸어가고 있는데, 학생들이 어디서 많이 본 옷을 입고 있더라고요. 스타일쉐어에서 판매하고 있던 옷이었어요. 제가 직접 기획하고 들여온 브랜드라 바로 알 수 있었거든요. 내가 고른 브랜드를 다른 사람들도 좋아해 준다는 것, 그리고 이렇게 사람들의 삶에 영향을 끼친다는 걸 알게 되면 이 직업을 더 사랑할 수밖에 없죠. 사실 물건이라는 게 그렇잖아요. 모든 물건에는 이야기가 있어요. 입었던 옷을 보면 그 옷을 입었던 시기가 떠오르고, 또 어떤 물건을 보면 그 물건을 통해 만들어진 추억과 경험들이 떠올라요. 물건이라는 건 사람들의 삶을 이루는 중요한 요소고, 단순히 기능으로만 남지 않기 때문에 MD는 물건만 파는 게 아니라 사람들의 삶을 파는 거라고 생각할 때가 많아요. 물론 말씀하신 것처럼 힘든 순간도 분명히 많아요. MD에게는 항상 지표가 중요해요. 사람들이 얼마나 구매하고 있는지, 거래액은 얼마가 나오는지, 접속한 사람들 중에 실제로 구매한 사람은 얼마나 되는지 등 많은 것을 계속 신경 써야 하죠. 그래서 지표가 나오지 않으면 쉽게 스트레스로 이어져요. 주말이나 연휴에도 목표를 달성하기 위해서 계속 긴장하고 있는 것도 그렇고요. 모든 결과가 나 하나만의 잘못이 아님을 깨닫고 난 뒤에는 여유가 조금 생기긴 했어요. 안 팔릴 때도 있고, 잘 팔릴 때도 있는 거더라고요. 다만 제가 갖고 있는 자원들을 잘 활용해서 안 팔릴 때를 조금이라도 더 줄이기 위해 노력할 뿐이죠. 어차피 우리가 팔아야 할 물건들은 이번 한 번으로 끝나는 건 아니니까요.

일을 하지 않을 때도 일상에서 물건을 바라보는 시선이 남다를 것 같아요.

나 좋자고 하는 일인데요

맞아요. 항상 일의 연장선에 있곤 했죠. 옷 쇼핑하는 걸 좋아했는데, 옷 쇼핑도 그냥 못 하겠더라고요. 예쁜 옷 보이면 고민하다 사면 그만인데, 다른 쇼핑몰에 들어가면 생각이 많아지는 거죠. '어, 이건 우리 앱에는 없는 기능인데' '여기는 쿠폰을 이렇게 뿌리네' 같은 것들요. MD 김미리와 일반인 김미리를 구분해야 했는데, 그러지 않았죠. 그때는 정말 일을 잘하고 싶었어요. 일을 더 잘하고 싶은 욕심에 일상에서도 긴장의 끈을 놓치 못했던 것 같아요.

일을 잘하고 싶은 욕심에 자신을 조금 거칠게 대했군요.

아마도요. 주니어 시절에는 업무에 관한 어떤 질문이든 제가 다 답하려고 애썼어요. 아는 건 아니까 열심히 답하고, 모르는 건 어떻게든 알아내서 답했죠. 이메일이 오면 하던 일 멈추고 바로 대답하고, 아무리 늦어도 당일에는 다 답장하고, 전화도 문자도 지체되는 것 없이 다 응답하고 그랬죠. 매출이 안 나오는 것도 마찬가지였어요. 지금 돌이켜 생각해 보면 매출 잘 안 나왔다고 저를 탓하거나 혼낸 리더는 없었던 것 같은데, 스스로 스트레스를 엄청 받았어요. 선배들한테 가서 물어보면 안 되는 줄 알고 혼자 삭이기까지 했고요. 뭘 모른다고 말하는 것도 싫었고, 힘들다고 말하고 어떻게 해야 할지 모르겠다고 말 건네는 건 더 힘들었어요. MD라는 직업이 쉽지 않았던 것도 있지만, 주변에 도움을 청하지 않고 혼자 이겨 내려는 성향이 저를 더 소진시켰던 것 같아요.

그래서 잠시 멈추기를 선택하신 거군요.

네, 그 과정을 거의 10년을 버티고서야 비로소.

시골집이 그 과정에서 큰 위로가 됐을 것 같아요.

위로도 됐고 자극도 됐어요. 결론부터 말하면 뒤도 안 돌아보고 퇴사하는 용기는 바로 내지 못했어요. 주말에는 시골에 내려가서 살고 싶다는 마음으로 집을 알아보기 시작했는데, 폐가였지만 집과 땅을 사는 데도 돈이 필요했고, 또 리모델링에 필요한 돈도 있어야 하니 은행에서 대출을 받아야 했어요. 빚을 내서 샀으니 매달 갚아야 할 돈이 있는 거죠. 돈을 갚으려면 결국 월급이 있어야 하니, 다시 일을 해야 했죠. 그런데 집을 알아보고 고치는 과정에서 마음은 이미 충전되고 있었어요. 일에만 100% 몰입하던 제가 주말에는 시골에 내려와 집을 보고 고치고 있으니 그제서야 일상의 균형이 맞아 간다고 느끼기 시작했던 것 같아요. 매일 일만 하고 있으면 일밖에 안 보이는데, 뒤로 좀 물러서서 다른 것들도 하기 시작하니 일에서도 조금씩 여유가 생기고 안 보이던 것들이 보이면서 시야가 넓어지기 시작했어요. 사람들과의 관계도 조금씩 부드러워졌어요. 일에만 몰두할 때는 조금 날카로웠거든요. 아마 그 순간부터 조금씩 더 큰 역할도 맡게 됐던 것 같고, 자연스레 일의 성과도 더 좋아졌어요. 회사를 그만두지 않고도 일을 더 할 수 있는 에너지를 얻었달까요. 일에만 100% 몰입하면 성과가 더 좋을 거라 생각했는데, 그렇지 않았던 거죠. 사실은 조금 떨어져서 균형을 맞춰야 했던 거예요.

왜 MD가 되고 싶었는지를 묻기 전에, MD로 가게 된 그 이전의 여정을 함께 이야기해 보고 싶어요. 학창 시절에는 어떤 학생이었는지도 궁금해요.

이게 참 말하기가 스스로도 민망한데요. 분명 잘하는 것들은 있었는데, 그걸 막 엄청나게 잘하지는 못했던 학생이었어요. 그러니까 대부분의 것들을 평균 혹은 평균 이상은 했지만, 최고가 될 만큼은 아니었던 거죠.

나 좋자고 하는 일인데요

예를 들면 어떤 것들을 잘하고 못했던 건가요?

대표적으로 공부가 그랬어요. 공부를 못했냐 하면 사실 그렇지는 않았거든요. 나쁘지는 않았는데, 그렇다고 공부를 엄청 잘하는 건 아니었어요. 그런데 공부를 못하면 학교를 다니면서도 다른 방향으로도 고민하게 되잖아요. '아, 나는 공부 쪽이 아닌가 보다. 그럼 공부가 아닌 다른 걸로 내 길을 찾아야지' 이런 생각을 할 텐데, 공부를 못하는 건 아니니까 그냥 '어~?' 하다가 애매한 상태로 시간을 보냈죠. 뭘 하고 싶은지, 뭘 하기 싫은지에 대해서 깊게 생각하지 않고요.

대부분의 학창 시절이 그랬죠. 꿈을 위해서 뭔가를 미리 할 수 있는 것들이 많지 않았어요.

맞아요. 그러다 보니까 학창 시절을 그렇게 흘려보내게 됐고, 결국 대학교 갈 때 점수에 맞춰서 한 번도 생각해 본 적 없었던 학과에 들어갔어요. 심지어 고등학교 때 문과였는데, 대학교는 이과로 들어갔어요. 성적 맞춰서 가다 보니까 이런 사달이 난 거죠.

어떤 전공인지 너무 궁금한데요.

환경과학… 이라는 전공이었어요. 실험복 입고 실험실에서 실험하는 그런. 원래 전공을 살렸더라면 환경청 같은 곳에 취업해야 했어요. 하천 들어가서 시료 채취하고, 수질 측정하고…. 물론 우리 사회에 꼭 필요한 일이지만 적성에는 전혀 맞지 않았어요. 그래서 1학년 다니고 나서 재수를 결심했죠. '나는 대학에 다시 갈 것이다. 내가 원하는 전공을 찾아서!' 실험복, 도구, 전공책, 다 팔았어요. '난 다시 돌아오지 않을 거야. 애들아 잘 있어! 영원히! 안녕!' 하면서 아주 당차게 나갔죠. 그리고 1년 뒤에 다시 돌아왔어요.(웃음) 여러분, 재수 함부로 하는 거 아닙니다. 수능 시험을 보긴 봤어요. 그런데 놀랍게도 같은 점수가 나오더라고요. 다시 그 대학의 환경과학을 가야 하는 점수. 그래서 다시 돌아왔습니다.

돌아온 뒤에는 전공에 다시 정을 붙이긴 하셨나요?

열심히 하긴 했어요. 갈 곳이 없다고 생각했으니까. 그런데 졸업해도 하고 싶은 게 없으니까, 막 미친듯이 열심히 하지도 않게 되더라고요. 원하는 전공을 찾아 떠나겠다고 했지만, 사실 그때도 원하는 전공보다는 그냥 더 좋은 학교와 좋은 학과를 원했던 것 같고요. 돌아와서도 여전히 내가 뭘 좋아하는지 몰랐으니 눈앞에 있는 것들을 해치우면서 열정 없이 살았던 거죠. 그러는 한편으로 돈은 필요하니까 벌어야겠어서 서른한 가지 아이스크림 파는 가게에서 알바 생활을 꽤 오래 했어요. 별다방 커피집에서도 일했고요.

그러는 동안 부모님은 걱정 안 하셨나요? 제가 부모였으면 솔직히 걱정했을 것 같아요. 공부도 열심히 안 하고, 하고 싶어 하는 것도 없이 계속 알바하면서 방황했으니….

그 지점이 정말 신기한데, 부모님은 그 어떤 말도 안 하셨어요.

그래서 뭔가 새로운 일을 할 때 거리낌이 없었던 거군요.

그렇죠. 자생력이라고 해야 하나. 아무런 간섭이 없으니 새로운 일을 할 때도 아무 방해가 없고, 또 부모님이 가르쳐 주는 것도 아니니까 혼자

나 좋자고 하는 일인데요

배워야 하고…. 포토샵 배우고 홈페이지 만들 때도 부모님이 뭘 지원해 주신 것도 아니었거든요.

정말 어떤 잔소리도 안 하셨던 거예요?

네. 심지어 새벽까지 공부하고 있으면 뭐 이렇게 늦게까지 하냐고 불 끄고 가고 그러셨어요. 그런데 공부해라, 성적 올려라, 이런 잔소리를 한 번도 안 들으면 오히려 불안한 거 아세요? '진짜 이렇게 아무것도 안 해도 되나?' '나 이렇게 아무런 가이드 없이 인생을 살아도 잘 살 수 있는 건가?' 하는 불안함이 밀려와요. 어느 순간부터는 '아, 정말 정신 차리고 내 갈 길을 찾지 않으면 안 되겠구나. 내 인생 정말 아무도 책임져 주지 않는구나' 하는 생각을 했던 것 같아요.

그때 부모님이 왜 그러셨는지 어른이 돼 생각해 본 적 있나요?

지금도 해요. 얼마 전에도 했어요. 그런데 그냥 저를 알고 계셨던 것 같아요. 제 성향이 그렇다는 걸 아셨겠죠. 하라고 강압적으로 말하면 더 안 하고, 오히려 놔두면 알아서 잘하는. 실제로 부모님이 공부하라고 압박했다면 진짜 안 했을 것 같거든요. 그러다 보니까 어느 순간부터는 모든 행동과 선택에 제 기준만 남게 되더라고요. 누가 하라고 해서 하는 것도 아니고, 누가 하지 말라고 해서 안 하는 것도 아닌. 그래서 인생의 많은 결정을 제가 세운 기준들로 선택할 수 있게 됐어요.

어떤 것들이 그랬어요?

회사 이직할 때 많이 느껴요. 스타일쉐어라는 회사로 이직할 때에도 주변에서 다 만류했어요. '너 왜 그렇게 작은 회사를 들어가려고 하냐' '지금 다니는 회사가 더 안정적인 거 아니냐' 그러니까 더 가고 싶었어요. 저는 성장 가능성이 있다고 생각했거든요. 누가 뭐라고 해도 내가 더 많이 고민했는데, 왜 나보다 고민 적게 한 사람들의 말을 들어야 하지? 오늘의집에 들어갈 때도 마찬가지였어요. 남들은 왜 패션 그만두고 다른 분야에 가냐며 걱정했지만, 저는 분명 공통점이 있다고 생각했거든요. 들어와 보니 역시 제 생각이 맞았고요.

당연한 이야기겠지만, 부모님은 회사 들어갈 때도 아무 말 없으셨겠군요.

'너도 어른인데, 잘 고민했겠지. 가능성이 있다고 생각했으니까 들어간 거 아니겠냐' 하고 마셨어요. 사실 제가 가장 듣고 싶은 대답이기도 했고요.(웃음) 어렸을 때는 이런 무관심처럼 보이는 부모님의 교육관이 조금 서운할 때도 있었어요. '어떻게 나한테 이렇게 무관심할 수 있지? 진짜 상상도 못한 사고를 쳐서 깜짝 놀라게 해 줄 테야' 하는 마음도 여러 번 먹었지만, 결국 성공하진 못했고요. 그런데 지금은 안 서운해요. 저를 누구보다 잘 아셨기 때문에 그렇게 하셨다는 것도 알고요.

그런 성장 환경이 오늘날 미리 님의 많은 선택을 만들어 냈다고 볼 수도 있을 것 같아요.

맞아요. 이런 완벽한 자유가 있기 때문에 무한한 책임이 있는 거예요. 부모님의 무심함은 단순하지 않은 메시지였던 거죠. '끝까지 네가 하고 싶은 대로 해라. 하지만 그 책임도 끝까지 네가 져야 하는 거야.' 어려서부터 이런 메시지를 은연 중에 캐치하고 있었던 것 같고, 그게 제 삶의 전반적인 태도로 이어지게 됐어요. 지금도 제가 원하는 대로 선택하고 그

나 좋자고 하는 일인데요

선택에 맞춰 삶을 살고 있지만 후회하거나 누굴 탓하거나 하진 않아요. 온전히 제 몫이죠.

이제 미리 님이 MD를 직업으로 선택하게 된 계기에 대해서 이야기해 볼까요. 처음에 어떤 계기로 시작하게 된 건가요?

재수에 실패하고 학교로 돌아온 뒤에 정말 많은 알바를 했어요. 가장 기억에 남는 알바가 배스킨라빈스였거든요. 제 생각에는 그 시절의 알바 경험이 저를 MD로 이끌었던 것 같아요.

'배스킨라빈스에서 일하다가 MD까지 이어지게 됐다.' 전혀 관련 없어 보이는 문장인데요.

하루는 매장 오픈을 준비하고 있는데, 어떤 아저씨가 불쑥 들어오는 거예요. 아직 문 안 열었다고 했는데도 가게 구석구석을 돌아다니면서 뭔가를 체크하더라고요. 알고 보니 그분이 '슈퍼바이저'였어요. 슈퍼바이저는 프랜차이즈 가게들을 돌아다니면서 매장 관리·감독을 하는 사람들이에요. 매장 청결 상태가 좋은지, 직원들 복장은 잘 갖추고 있는지, 이번 여름 시즌 새 아이스크림 홍보 포스터는 잘 붙여 놨는지…. 돌아다니면서 뭔가 실수하고 있는 것은 없는지 확인하는 거죠. 그렇게 가게를 한 바퀴 둘러보더니, 쇼케이스 앞에 서서는 제게 아이스크림 앞뒤 위치를 바꾸라고 하더라고요. 영문도 모르고 시키는 대로 했죠.

어떤 아이스크림이 앞으로 가고 어떤 아이스크림이 뒤로 간 건가요?

잘 기억은 안 나는데, 샤베트가 앞으로 가고 초코가 뒤로 갔던 걸로 기억해요. 날씨가 화창하면 사람들이 상큼한 맛을 찾으니까 샤베트가 앞으로 와야 했던 거죠. 반대로 날씨가 흐리면 유제품이 들어간 초코나 바닐라 같은 것들이 더 잘 팔리니까 다시 바꿔 줘야 하고요. '아, 사람들의 행동이나 기분에 따라서 물건을 다르게 팔 수 있구나.' 그때가 어떤 직업에 처음으로 매력을 느꼈던 순간이었어요. '나는 저런 일을 하는 사람이 돼야지. 사람들의 마음과 행동을 읽고, 그 사람들에게 멋진 제안을 하는 사람이 돼야지' 같은 생각을요.

그런 일이 재미있을 것 같다고 느낀 거네요.

일을 하면서 사람들과 상호 작용을 하는 게 좋았어요. 아이스크림도 그런 거잖아요. 아이스크림 위치를 바꿨더니, 사람들이 내 의도를 알아 주고 거기에 맞춰서 움직인다. 그래서 알바를 해도 현장에 나가고 사람들 많이 만나는 일종의 서비스 업체 같은 곳에서 일하는 걸 좋아했죠. 알바할 때면 가게 주인들이 저를 엄청 좋아해 주셨어요. 싹싹하고, 손님들한테 친절하고, 왠지 매출도 오르는 것 같으니까. '아, 나는 이렇게 사람들 만나는 일이 좋은 거구나. 사람을 대하고, 사람을 대상으로 뭔가 하는 일이 좋으니까 이걸 꼭 해야겠다.' 그때부터 생각했죠.

처음으로 들었던 진로에 대한 확신이네요.

네, 지금 생각해 보면 그랬던 것 같아요. 꾸준히 알바하면서 깨달은 거죠. 저의 장점과 특기를. 열심히 공부해서 돈까지 내고 들어간 대학에서는 찾지 못했던.

그 뒤로는 어떤 직업들을 준비했나요?

나 좋자고 하는 일인데요

찾아보니, 저 같은 성격을 가진 사람들이 잘하는 직업들이 몇 개 있더라고요. 그중 하나가 MD였어요. 저는 배스킨라빈스에서 본 슈퍼바이저도 하고 싶었어요. 영업, 영업이나 관리 등…. 사람들을 최대한 많이 만날 수 있고 내가 영향력을 가질 수 있는 일을 하고 싶었죠.

잘 풀렸나요?

최종에서 번번이 떨어졌어요. 그때까지만 해도 영업 직군은 여성 지원자 합격률이 많이 낮았고요. 한번은 내가 너무 순해 보이나 싶어서 센 사람처럼 꾸미고 면접에 갔던 적도 있는데 잘 안 됐어요. 처음부터 서류에서 떨어지면 그러려니 하겠는데 자꾸 3차, 4차 끝까지 가서 떨어지니까 오기가 생기더라고요. 사람들이 농담처럼 '최종 면접은 인성 면접이라는데 너 인성에 문제 있는 거 아냐?' 같은 말도 많이 했고요.

그럼 처음부터 MD에 딱 붙은 건 아니었군요.

다 떨어지고 나니 의문이 생기는 거예요. '내가 정말 이 일에 잘 맞는 사람인가?' 나는 그렇게 믿어 왔는데, 번번히 마지막 문턱을 못 넘으니까.

원인은 뭐라고 생각했어요?

제가 '사람 만나는 게 좋다! 소통하는 게 좋다!'라고 말했지만 지원하는 모든 사람이 그런 기질을 기본적으로 가진 사람들이더라고요. 영업이나 MD를 잘할 수 있다는 가능성은 그런 기질만으로는 부족했던 거고요. 그때부터 이 직무와 나 사이에 접점을 만들어야겠다고 생각했어요. 그러다 눈에 들어온 게 'MD 교육원'이었어요. 저처럼 MD가 되고 싶은 사람들이 다니는 일종의 학원 같은 거죠. '그래, 그럼 여기를 다니면 서 MD라는 직업에 대해서 더 자세히 알아보자. 만약 배우면서도 너무 재미있고 적성에 맞으면 도전하는 거고, 여기까지 다녔는데도 떨어지면 그땐 과감하게 접자. 그래도 여길 나오면 뭐라도 한 줄 적을 수 있겠지' 라는 희망으로요.

그런데 거기에서 면접 보고 있던 면접관들은 MD 교육원 안 다니지 않았을까요? 본인들은 안 했으면서 왜 그런 경력을 원할까요.

하하, 맞아요. 저도 지금 채용 때문에 면접 들어가면 이전 경력이나 지원 동기를 막 캐지는 않아요. 물론 이전 경력이 도움이 될 수도 있지만, 그 경력 때문에 일을 더 잘하는 건 아닐 수 있거든요. 새로운 분야에 도전 할 때, 그 분야의 경험이 꼭 있어야 하는 건 아니라고 생각해요. 저도 오 늘의집에 합류할 때 패션과 뷰티 경험밖에 없었지만 지금은 잘 적응한 것처럼요.

결국 지금은 MD를 하고 계시니 MD 교육원이 효과가 있었던 거네요.

MD 교육원 때문인지는 알 수 없지만, 다녀온 뒤에는 붙었어요. MD가 된 거죠. 처음에는 오프라인 MD를 했어요. 박물관이나 미술관 같은 데 가면 기념품 샵이 있잖아요. 그 기념품 샵에 들어가는 굿즈 만드는 일들 을 했죠. 예를 들어 아프리카 관련된 전시면, 아프리카 전통 문양이나 패 턴을 받아서 굿즈로 만드는 일들이었죠.

듣기에는 꽤 멋있고 재미있어 보이는데요?

물론 그런 때도 있었지만, 대부분은 처음 보는 전시들을 준비해야 했어요. 국립현대미술관 같은 곳에서 하면 좋지만 꼭 그렇지만은 않았거든요. 아까처럼 생전 처음 보는 아프리카 전시회도 준비해야 하고, 민속박물관에서 나오는 굿즈도 기획해야 하고…. 매번 처음 보는 것들과 사랑에 빠지고 그것들로 물건을 만들어서 파는 일을 했어요. 그런데… 회사가 망해 버렸죠.

헉! 어떻게 된 MD인데!

그러니까요! 임금 체불도 되고, 하던 일도 모두 못 하게 되고…. 첫 회사니까 애정이 있어서 더 오래 버텼죠. '회사가 힘들 땐 직원도 가족이니까 같이 견뎌야 돼!' 이런 이야기를 어디서 듣고 와서 참고 기다렸죠. 처음에는 월급이 조금씩 밀리더니, 시간이 지날수록 더 많이 밀리더라고요. 그래서 결국 나올 수밖에 없었죠.

나와서는 어떤 생각이 들었어요?

망했다, 큰일났다, 그랬죠 뭐. 가장 원하는 걸 얻었는데, 제 의지와 상관없이 직장을 잃었으니 너무 허망했어요. '와, 이거 그냥 얌전히 고시 공부하라는 신의 계시인가?' 이런 생각도 했어요. 여기저기 이력서를 내긴 했는데 연락은 없고 시간은 흐르고…. 그래서 진짜로 공무원 시험 준비할 각오로 서점에 갔는데 한 회사에서 전화가 왔어요. 혹시 면접 볼 생각 있냐고. 그래서 서점에서 나오면서 '그래, 이번 면접 떨어지면 그때는 정말 공무원 준비하는 거야!'라고 마음먹었어요. 저는 그때까지만 해도 공무원 시험을 잠깐 미룬다고 생각했어요. 진짜로 고시 공부할 각오를 너무 단단히 해서.

결과는 합격이었나요?

합격은 합격이었는데, 바로 MD가 되지는 못했어요. AMD(Assistant Merchandiser, MD를 보조하는 역할)를 제안하더라고요. 오프라인과 온라인은 다르고, 너도 아직 경험이 적으니, AMD부터 시작해 보자고 했어요. 처음에 실망한 건 사실이에요. MD와 AMD는 이름은 비슷하지만 하는 일은 완전히 다르거든요. 불안한 마음도 컸어요. 이러다 영영 MD가 되지 못하면 어쩌지, 하는 불안함이 계속 있었죠. 얼마 전에 TV를 보는데, 소녀시대가 나오더라고요. 과거를 회상하면서 언제가 제일 힘들었는지 물어보는데, 연습생 시절이 제일 힘들었다는 거예요. 데뷔를 할 수 있을지 없을지 모르는 불확실한 상황이 너무 힘들었다고. 엄청 공감이 되더라고요. 내가 얼마나 어렵게 여기까지 왔는데! 만약에 진짜 MD가 안 되면 공무원 시험 보러 가야겠다고 생각했어요.

제 앞에 있는 분이 공무원이 아닌 걸 보면, 그래도 결국 MD가 되셨군요.

AMD를 하는 중간중간 MD 업무를 조금씩 시켜 주셨어요. 정말 열심히 했죠. 어렵게 찾아온 기회니까. 그렇게 한 1년 지났을까, 사수가 저를 불러서 MD로 일해 보는 게 어떻겠냐고 말해 주셨을 때 정말 뛸 듯이 기뻤어요. AMD로 일을 시작했던 동기들은 많이 나가기도 했거든요. 저를 포함해서 단 2명만 살아남았는데, 전환되고서 회식 자리에서 제가 그랬대요. 120% 행복하다고. 사실 행복이라는 단어가 때론 낯간지러운 단어기도 하잖아요. 그런데 그때는 정말 행복했어요. 내가 꿈꾸던 MD가 됐다는 사실이 정말 기뻤어요. 그래서 지금도 인턴이나 전환을 앞둔 분들에게 기회를 더 많이 드리려고 해요. 그 시절의 간절함을 알거든요. 그들이 결국 전환을 일궈 냈을 때의 기쁨에 공감이 가기도 하고요. 누구에게

나 부딪쳐 볼 기회가 주어지는 것조차 소중한 시절이 있으니까요.

자, 그러면 미뤄 뒀던 시골집 이야기를 해 볼까요. 일주일에 이틀은 시골에 내려가서 사신다고요.

네, 어려운 말로는 오도이촌(五都二村)이라고 일주일 중 5일은 도시에서, 2일은 농촌에서 생활하는 라이프 스타일인데 저는 그 말을 시골 생활을 하고 나서야 알았어요. 어쨌든, 하고 있습니다. 오도이촌. 금요일까지 서울에 있다가 퇴근과 동시에 시골로 내려가요. 일요일 밤에 다시 서울로 올라오고요.

보통 귀농이나 귀촌이라고 하면 나이가 들어서 하는 일로 생각하잖아요. 왜 미리 님은 벌써 시골 생활을 시작하신 건가요?

그냥 해야겠다는 느낌이 있었어요. 왜, 다들 그런 로망 하나씩은 있잖아요. 나중에 늙으면 시골에 마당 있는 집 지어서 고즈넉하게 사는 로망이요. 저는 그 로망을 꼭 이루고 싶었거든요. 그래서 앉아서 천천히 계산을 해 봤어요. 언제 내가 이 로망을 이룰 수 있는지. 저는 그런 계획을 세워 둬야 마음이 편한 사람이거든요.

혹시 MBTI에서 'J'이신가요?

네, 완전 J형입니다. 어떨 때는 계획하는 것보다 계획의 계획을 더 좋아할 때가 있어요. 먼 미래에 있는 일을 지금부터 준비하려면 뭘 계획해야 하는지 고민하는 거죠. 어쨌든, 먼 미래에 하려고 마음먹었던 시골살이를 언제 할 수 있을지 고민해 봤죠. 제가 처음 그 고민

나 좋자고 하는 일인데요

© 김미리

을 했던 게 35살쯤이었는데, 당장 시골에 제가 원하는 집을 사려면 돈이 조금 들겠다 싶더라고요. 그럼 일단 돈을 모아야겠으니 40대에나 할 수 있겠다 싶었어요. 그런데 김미리를 40대에 갖다 놓으니 또 다른 고민 거리가 생기더라고요. 40대면 슬슬 직장 생활에서 은퇴를 고민할 시기인데 연금 정도는 넉넉히 들어야 하는 거 아닌가? 이런 저런 연금 들기 시작하면 또 한 달에 많은 돈이 나갈 텐데, 40대에는 역시 무리인 것 같더라고요. 그래, 역시 40대에는 무리야. 연금 수령하면서 50대나 60대에 해야겠다고 생각했죠. 다시 저를 50대와 60대에 갖다 두니 또 다른 문제가 있더라고요. 그럼 이제 건강이 안 좋을 텐데, 병원이 가까워야 하는 거 아닌가? 그때는 가족들도 있을 텐데, 만약 가족들이 시골살이가 싫다고 하면 어떡하지? 아이들을 시골에서 기르면 도시 문명하고 너무 동떨어지는 거 아닌가? 그럼 70대는? 운전은 할 수 있나? 너무 할머니여서 농사도 못 짓는 거 아닐까? 그렇게 고민의 끝에 다다르니, 결론은 하나더라고요. 언제 가든 항상 문제는 있다. 결국에는 결정의 문제라고요.

저도 비슷한 생각을 했던 적이 있어요. 저는 나중에 맥줏집 차리고 싶다고 생각했거든요. 인디 음악 나오고, LP로 음악 트는. 그런데 문득 그런 생각이 들더라고요. 할아버지가 하는 맥줏집에 누가 오고 싶어 하지?

맞아요, 그런 깨달음하고 비슷했던 거죠. 그래서 결국 '지금 하자'라고 결심했어요. 잘 안 되면 내가 책임지면 되니까 무서울 것도 없었고요. 지금 하고 싶은 것을 하는 게 중요한 기준이었어요. 제가 40대가 되면 어떤 환경의 변화로 시골 생활을 하고 싶지 않을 수도 있는 거잖아요.

이 과정에서 되게 중요한 배움을 얻으신 것 같아요.

맞아요. 항상 현재를 지향하면서 사는 게 맞다고 생각했어요. 제가 드라마 작가가 하고 싶어서 글쓰기를 배웠던 적이 있거든요. 문득 좋은 아이디어 생각나서 '언젠가는' 쓸 거라고 생각은 해 놓고 결국에는 바로 쓰지 못하고 미뤘어요. 그러면 그 아이디어는 반드시 다른 작가를 통해 세상 밖으로 나와요. 그 주제, 그 아이디어는 '언젠가는'이 아니라 '그때' 썼어야 의미가 있는 거죠. 미루면 의미가 없어지고 제 것이 아니게 되는 걸 정말 많이 봤어요.

'언젠가는'은 정말 많은 의미가 담긴 단어죠.

맞아요. 저한테는 약간 요술 같은 단어이기도 해요. '언젠가 할 거야'는 결국 지금은 아무것도 안 하고 있다는 말이거든요. 계획도 없는데 꼭 마치 계획하고 있는 것처럼 남과 나를 속이는 말이기도 하고요. '언젠가는 시골에 집을 지어서 살 거야' 이렇게 말하면 마치 제가 뭘 준비하고 있는 것 같잖아요. 그렇지만 아무것도 안 했거든요. 그런데 그 '언젠가는'을 처음으로 '지금'으로 만든 게 시골집을 꾸리면서였어요.

지금 해 주신 말씀이 너무 좋은 게, '언젠가는'이라고 말하면 그 말을 하는 순간에는 초라한 나에게서 벗어나는 느낌이 들어요. 그래서 쉽게 내뱉게 되는 거죠. 당장 증명할 필요도 없고, 지금은 아무것도 없는 나한테 멋진 옷을 입혀 주니까. 그래서 더 자주 쓰게 되고요.

그래서 저는 이제 '언젠가는'이라는 말을 하면 '지금 해야 하는 것'이라고 자연스럽게 생각하게 돼요. 그래서 30대의 김미리가 그 문제를 해결하기로 한 거죠. 시골에 갈 수 없는 이유를 없애겠다. 그래서 생각한 게 '주말만 가면 되는 거 아닌가?'였어요. 제가 일주일 내내 시골에 있는 걸 좋아하는지 모르기도 하고, 주말만 간다고 하면 지금 제게 닥친 문제를 온전히 해결할 수 있으니까요.

어떻게든 되는 방법을 찾으신 거군요.

맞아요. 일할 때도 약간 그런 스타일이거든요. 어떻게든 되는 방법을 찾으려는. 그래서 같이 일하는 사람들도 일단 되게 하려는 사람들과 하는 게 더 재미있고 좋아요. 주변에 일을 되게 하려는 사람들이 많아야 해요. 그래야 긍정적인 영향을 받을 수 있어요. 막 열심히 하다가도 지치면 안 되는 이유를 찾잖아요. 그럴 때 주변에 안 된다고 말하는 사람만 있으면 실제로 해낼 수 있는 일도 못 하게 되는 경우가 많아요.

미리 님은 일상 속에서 교훈을 참 잘 찾는 것 같아요.

하하, 그런가요.

그렇잖아요. 지금 미리 님이 이런 결정을 하는데, 주변에 그 누구도 필요하지 않았으니까요. 혼자 생각하고, 그 과정에서 교훈을 깨닫고, 어떻게 해야 할지 다 결정하잖아요? 삶의 다양한 순간에서 스스로 교훈을 깨우치는 건 정말 타고난 재능이라고 생각해요. 삶에서 버릴 순간이 없는 거니까.

그러게요. 발견해 주셔서 감사합니다.

앞으로 또 어떤 일을 해내고 싶으신지 궁금해요.

제가 공간을 통해 느꼈던 즐거움과 기쁨을 유저에게도 전하고 싶어요.

시골집에 살면서 공간이 주는 경험이 얼마나 소중한지를 알았거든요. 그게 제가 오늘의집을 선택하는 데도 영향을 주기도 했고요. 오늘의집은 공간이 바뀌면 삶이 바뀐다고 믿는 조직이에요. 저와 우리 팀이 유저들에게 제안하는 많은 카테고리가 유저의 삶을 바꿀 수 있었으면 좋겠어요.

내가 하는 일로 유저들의 삶이 실제로 바뀌는 걸 본다면 감동적일 것 같아요.

회사에서 다 같이 앱 리뷰를 보는 시간이 있어요. 기억에 남는 리뷰들이 있는데, 그런 리뷰들을 생각하면 더 힘을 내서 일하게 되죠. 어떤 분이 '나는 집을 싫어하는 사람인 줄 알았다. 그런데 알고 보니 나는 집을 좋아하는 사람이었다. 단지 집을 어떻게 있기 좋은 곳으로 만들지를 알기까지 시간이 필요했을 뿐. 오늘의집이 있어 나는 집을 더 좋아할 수 있게 됐다'라고 해 주셨는데, 큰 감동이었어요. 제가 정말 바랐던 피드백이었거든요. 사람이 자신의 공간에서 행복해지는 건 정말 중요하거든요. 종종 '이렇게 열심히 일해도 되나?'라는 생각이 들 정도로 열심히 일하고 있는데, 이런 리뷰들을 보면 힘이 나죠. 다시 기운을 내게 됩니다.

직업이나 회사를 선택할 때 그런 기준들이 중요한 것 같아요. 아무리 힘들어도 원래의 자리로 돌아갈 수 있게 하는 기준이 있으면 이겨 낼 수 있을 테니까요.

맞아요. '내가 이 회사를 왜 선택했지?' '나는 무엇을 위해서 일하지?' 이 질문들에 답을 할 수 없다면 힘들 때 그냥 지치게 돼요. 일을 더 오래 하기 위해서, 그리고 일을 오래 하고 있다면 더더욱 필요한 질문인 것 같아요.

미리 님은 일에 열정적이면서도 굳이 신경 써서 일 이외의 삶에 대한 밸런스를 챙기려는 것 같아요. 일에 집중하다 보면 거기에 매몰되기 쉽고, 그러다 보면 주변의 것들을 놓치기 쉽잖아요. 일을 하면서도 삶을 챙기려는 의지와 마음은 어디에서부터 오는지 궁금합니다.

밸런스를 잃고, 나를 잃었던 경험에서부터 오는 게 아닐까요? 너무 좋아해서 균형을 잃으면 좋아하는 일도 더 좋아할 수 없다는 걸 알았어요. 어느 날 돌이켜 보니 나도 잃고, 건강도 잃고, 내 주변 사람도 잃은 느낌이더라고요. 이런 미래를 그리며 일했던 건 아닌데, 무언가 잘못됐다는 감각을 느낀 뒤로는 아무리 일이 중요하고 바쁘더라도 균형을 맞추려는 노력을 아끼지 않게 됐어요. 그런데 그런 몰입의 순간들이 나빴다고 표현하고 싶지는 않아요. 지금의 균형이 소중하다는 걸 깨닫기 위해서는 몰입의 순간, 치열했던 열정의 순간들이 있어야 한다고 생각해요. 열심히 일한 사람에게만 주어지는 소중한 깨달음이랄까요. 특히 경험이 적을수록 멀리 내다보기 힘들다고 생각해요. 주니어일 때는 자신의 일밖에 볼 수 없거든요. 주어진 일만 잘하기에도 바쁘고 힘들기 때문에 일을 사랑하고 열정이 있는 사람이라면 누구든 자신을 내려놓고 일에 매진하는 경험을 하게 돼요. 제가 동료들에게도 하는 말인데, 그럴 땐 가끔 '상사가 돼 보는 상상'을 해 보라고 해요. '내가 만약에 내 상사라면 이 일을 어떻게 대할까? 이 일을 어떻게 바라보는 게 일을 더 잘할 수 있는 방법일까?' 하고요. 그런 태도들에 익숙해지면서 내 일을 조금 거리두고 바라볼 수 있게 되면 그때부터 조금씩 일과 삶의 균형을 맞춰 나갈 수 있는 것 같아요.

거리를 두고 일을 바라본다는 말, 어렵지만 꼭 해내야 하는 말처럼 들리네요.

어렵죠. 그런데 사실 모든 일이 어느 정도의 거리 두기가 필요한 것 같아요. 사람과의 관계도, 일도, 너무 몰입하면 균형을 잃게 돼요. 저는 종종 화장을 하는 과정으로 비유하기도 해요. 화장을 할 때 보통 가까운 거울과 조금 거리가 있는 큰 거울을 같이 봐야 하거든요. 가까운 거울은 섬세한 터치가 필요할 때, 큰 거울은 전체적인 조화를 볼 때 쓰는데, 큰 거울 없이 화장하다 보면 이상하게 되는 경우가 있어요. 눈썹도 진하고, 입술도 진하고…. 조화를 고려하지 않고 모든 순간에 최선을 다하려고 힘을 주면 결국 전체적인 균형이 깨지게 되는 거죠.

그럼 미리 님은 지금 만들어 낸 균형이 마음에 드나요?

네, 만족해요. 워라밸이라는 단어를 많이 쓰는데, 저는 개인적으로 '워라블'이라는 단어를 더 좋아해요. 일과 삶이 완전히 블렌딩돼 조화로운 상태라고들 하잖아요. 예전에는 휴일에 전화가 오면 너무 싫었어요. 얼마나 귀중한 주말인데, 이런 주말에 일을 해야 한다니! 분노가 차오르는 거죠. 그런데 그런 분노는 평일에 일만 했기 때문에, 그리고 일과 삶의 균형이 맞지 않기 때문에 오는 분노라고 생각해요. 만약에 평일에도 나를 위해 시간을 쓰는 순간들이 있었다면 주말에 조금 일을 하게 되더라도 덜 화나지 않을까요? 요즘 제가 그래요. 주말에 일을 하게 되더라도 일과 삶이라는 게 절대 분리될 수 없다는 걸 알고 있는 제게는 그냥 삶의 하나의 장면일 뿐이죠. 이렇게 되기까지 시간이 걸리긴 했지만, 일과 조금 거리를 둘 줄 아는 마음, 더불어 일과 삶을 너무 명확하게 구분짓기보다는 이 모든 게 섞여서 내 인생을 구성한다는 마음을 가지면 더 나은 마음으로 일할 수 있는 것 같아요.

마지막 질문입니다. 요즘 진로에 대해 고민하는 친구들을 만나서 이야기를 들어

보면 실패를 무서워하는 것 같아요. 인생에서 마주친 실패와 역경의 순간들에서 항상 해답을 찾아냈던 미리 님이 해 줄 수 있는 이야기가 있을 것 같아요.

공감해요. 저도 여전히 실패하고 싶지는 않아요. 실패하고 싶어 하는 사람이 어디 있겠어요. 그런데 우리가 살면서 겪게 되는 실패들이 생각보다 그렇게 어둡고 깊지 않다고 말하고 싶어요. 실패하면 힘들기는 하지만 결국엔 다 이겨 내게 되고, 또 그 깊이를 알게 된 순간부터는 더 무섭지 않거든요. 그리고 예측하는 것과 실제로 경험하는 건 달라요. 예측하고 있는 실패는 항상 더 무서워요. 그런데 겪어 낸 실패는 그렇게 무섭고 깊지 않다는 것과 우리가 거기에서 배울 게 있다는 걸 꼭 말해 주고 싶어요. 그리고 실패할지라도 경험해 보라고 이야기하고 싶어요. 실패해도 가치가 있는 일들이 있거든요. 제 이력서에는 없지만, 하루만에 퇴사를 했던 회사가 있었어요. 제 입장에서는 큰 실패였죠. 기대하던 입사였는데, 제가 생각했던 것과 너무 다른 곳이더라고요. 그래서 하루 만에 그만두고 나오면서 엄청 울었어요. 그때의 마음은 지금도 생각하면 저릿한데, 그래도 저는 그때 경험에서 배운 게 많아요. '아, 이런 회사는 나랑 맞지 않는구나'라는 생각을 하면서 그 뒤로 회사를 고르는 기준이 아주 명료하게 생겼어요. 제가 쓴 시간은 하루인데, 그 하루의 실패를 통해서 평생의 귀한 경험을 얻은 거죠. 그 뒤로는 같은 실패를 반복하지 않았고요. 물론 그 실패 때문에 힘든 나날들은 있겠지만, 분명 얻는 게 있다는 걸 말해 주고 싶네요.

나 좋자고 하는 일인데요

이 책은 '이직'이라는 인생의 꽤 중차대한 문제를 통과하며 써낸 책이다. 이직이란 무엇인가. 아니, 이직 고민이란 무엇인가. 이직을 결심한다는 것은 지금 내가 겪고 있는 현실에 어떤 결핍이 있다는 증거다. 한편으로는 그 결핍을 이겨 내기 위한 새로운 도전 앞에서 한없이 작아지고 불안해하는 굉장히 애매모호한 상태이기도 하다.

여느 직장인들이 그렇듯, 나는 꽤나 오랜 시간 동안 이직 고민을 마음에 담아 둔 채 결정을 유예하며 회사를 다녔다. 남들은 내가 회사를 고르듯 이직하며 사회생활을 한다고 생각했겠지만, 때로는 그런 시선들로부터 자유로워지고 싶은 순간도 있었다. 나라고 항상 단단한 사람은 아니니까. 다음 스텝을 결정해야 할 시기란 걸 알면서도, 일부러 결정하지 않고 내 삶을 조금 더 돌아보고 주변 사람들의 이야기를 들으며 시간을 끌었다. 내 삶의 방식이 맞는지 검증하고 싶었고, 다른 사람들의 이야기를 듣는 시간을 충분히 갖는다면 더 나은 선택을 할 수 있을 거란 기대도 있었다.

이제 다음 책을 쓸 때가 되지 않았냐는 이야기를 들은 건 그즈음이었다.

오랜 시간 나를 지켜봤다는 한 출판사의 제안을 받았을 때는 한 차례 거절했다. 스스로 삶의 결단을 내리지 못하고 관망하고 있는 상태에서 책을 쓰는 일은 별로 멋있어 보이지 않았기 때문이다. 제 앞가림도 제대로 못 하고 우왕좌왕하고 있는 작가의 글 따위를 보고 싶어 하는 독자는 없지 않을까. 반신욕을 하러 들어간 욕조에서 코까지 빠진 채 자조하고 있던 중, 내게 용기를 준 건 이 한마디였다.

'조언할 필요 없다.'

결핍은 내 글쓰기의 가장 큰 재료였다. 첫 번째 책도 그랬다. 누군가에게 조언하고 훈수 두려고 쓴 책이 아니라, 내 결핍과 갈증을 해소하기 위해 겪었던 방황을 재료로 삼아 쓴 책이었다. 문과를 졸업하고는 먹고 살 길이 막막해 나와 비슷한 길을 걷고 있는 선배, 동료, 후배들을 만나 인터뷰하고 풀어낸 것이 나의 첫 책이었다. 애초에 누군가에게 조언하려고 글을 쓰던 사람이 아닌 것을, 누군가가 조언을 잔뜩 풀어놓은 책은 읽지도 않는 사람이면서 왜 글쓰기 전부터 조언할 생각에 겁을 먹었을까. 사실 내 안에는 본투비 꼰대의 잠재력이 숨어 있을지도 모르겠다.

기왕 책을 쓸 거라면, 별로 멋이 없는 상태인 지금 쓰는 게 좋겠다는 생각이 들 땐 약간 웃음도 새어 나왔다. 하지만 정말 그렇게 생각했다. 이미 답을 알고 있는 멋있는 사람이 하는 말은 왠지 잘 와닿지 않는다. 그렇지 않은가? 이미 모든 것을 이룬 사람이 하는 이야기는 멋있고 재미있을지는 모르지만 공감은 가지 않는다. 내가 따라갈 수 있는 길은 아니기 때문이다. 그러니 기왕 책을 쓸 거라면 결핍이 가득 찬 지금, 그러니까 누군가를 붙잡고 뭐라도 얻기 위해 질문을 쏟아 낼 수 있는 처절한 상태일 때 책을 써야 가장 많은 사람의 공감을 얻을 거라 생각했다. 생각이 여기까지 이르자, 내가 이직을 고민하는 애매한 상태인 게 오히려 글을 쓰기에 적당한 시련처럼 보이기도 했다.

다시 한번 제안이 왔을 땐, 거절하지 않았다. 나와 비슷한 처지에 놓여 있는 사람들, 그러니까 이직이나 취업 같은 인생의 중요한 결정을 앞두고서 이러지도 저러지도 못하는 애매한 사람들에게 내가 전할 수 있는 이야기가 있을 거라 생각했다. 쓰겠습니다, 쓴다고요. 제 시련을 잘 이용해 보겠습니다. 그리고 희망컨대, 두 번째 책을 마무리하는 동안 나의 애매한 고민도 끝나 있기를 바라며.

인터뷰를 잘할 자신은 있었지만, 인터뷰이를 섭외하는 일은 또 다른 문제였다. 섭외하는 건 둘째치고 인터뷰이를 고르는 과정부터 쉽지 않았다. 일단, 너무 유명해져 버린 사람의 이야기는 다룰 수 없었다. 내가 좋아하는 두 종류의 이야기가 있는데 하나는 평범한 사람들의 대단한 이야기고, 또 다른 하나는 대단한 사람들의 평범하고 찌질했던 순간의 이야기다. 두 이야기의 공통점은 듣는 사람으로 하여금 '나도 할 수 있겠는데?'라는 생각을 들게 한다는 것이다. 그래서 나는 어떤 사람을 만나든 그 사람에게 얼마나 평범하고 소박한 일상을 지내 왔는지, 때론 찌질하고 부끄러워서 감추고 싶은 과거를 딛고 성장하진 않았는지 묻는다.

그런데 내가 그런 이야기를 좋아하는 것과 별개로, 인터뷰이가 자신의 속 이야기를 해 주는 것은 또 다른 문제다. 그래서 자신이 이룬 성과를 지나치게 자랑하고 싶어 하는 사람도 고를 수 없었다. 그런 사람들은 대개 자신의 찌질함을 드러내는 것을 싫어한다. 취약점이 없는 자랑 일색의 이야기를 글로 쓰는 것은 그 사람의 자서전을 대신 써 주는 꼴이다. 그래서 섭외하고 싶은 사람이 생기면, 섣불리 다가가지 않고 오랜 시간

SNS와 일상을 관찰하며 그가 어떤 사람인지 상상했다. 혹시 실제로 만나면 너무 거만하진 않을까, 내가 생각한 것보다 훨씬 유명한 사람은 아닐까, 어쩌면 그에게서 들을 수 있는 이야기가 별로 없는 것은 아닐까. 그러다 그가 담백하면서도 대단한 사람이라는 확신이 들면 지체없이 섭외 메일을 보내 끈질기게 설득했다. 당신이 내 재료라고. 나의 이 결핍과 불안을 해소해 줄 수 있는 한 줄기 빛이라고.

한 인터뷰이가 내 섭외 메일이 기억에 남는다고 했는데, 그도 그럴 것이 섭외하는 메일치고는 지나치게 솔직한 면이 있었기 때문이다. 섭외 메일을 대충 요약하자면 다음과 같다. '당신은 내 기준에서 닮고 싶은 사람이지만, 아주 유명하지 않아서 좋습니다. 유명한 사람들의 이야기는 믿을 게 못 되거든요. 게다가 당신에게는 자신의 실패와 과거까지 솔직하게 말해 줄 수 있는 적당한 겸손함도 있어 보여요. 여러모로 적당히 훌륭한 당신이 좋은데, 인터뷰하실래요?'

인터뷰를 다 하고 나니 그들의 공통점이 보인다. 거침없이 자신의 커리어를 써 내려 가는 것 같은 멋진 사람들에게도 불안과 방황이 있었다. 하지만 그 불안과 방황은 '내가 세상이 원하는 모습이 아니면 어쩌지?'에서 오는 불안과 방황이 아니라 '지금 이대로 살면 내가 원하는 삶을 얻지 못하는 게 아닐까?'에서 오는 불안과 방황이었다. 그들이 원했던 것은 세상에 곱게 잘 끼워 맞춰진 모습이 아니라, 본인이 원하는 삶의 그림에 본인이 원하는 일터와 직업을 끼워 맞춘 것이었다. 아, 회사에 뽑히길 바라지 않고 회사를 고르는 마음은 저기에서 오는구나. 내 것을 갖고 싶은 마음에서부터 오는 불안은 건강한 동력이 되는구나. 그러니 불안함을 불안해하지 않고, 마음껏 방황하며 다음 스텝으로 옮기면 되겠구나.

그렇게 나는 또 하나의 결핍을 해결한 기분이다.

하고 싶은 말이 없으면 더 이상 작가가 아니라고 한다. 첫 번째 책을 쓰며 물었던 질문에 대한 답을 깨달은 뒤로 나는 한동안 하고 싶은 말이 없었다. 결핍이 글의 재료인 사람이 가장 궁금했던 질문을 해소했으니 하고 싶은 말이 있겠는가. 한동안 하고 싶은 말이 없는 내 상태를 불안해하며, 첫 책으로부터 지금까지 어느덧 6년이 지났다. 하고 싶은 말이 없다며 흘려보낸 하루들은 사실 새로운 결핍을 쌓는 시간이었을지도 모른다는 생각을 한다. 새로운 인생의 챕터에서 마주한 고민과 질문에 답할 수 없는 부족했던 날들이 쌓이고 쌓여, 오늘 이렇게 책이 된 것은 아닐까.

작은 바람이 있다면, 이 책과 끝까지 함께한 당신에게도 있을 불안함과 결핍이 조금이나마 해소됐기를 바란다. 그래서 나처럼 인생의 다음 챕터를 준비할 수 있는 조금은 후련한 상태가 됐기를, 불안함을 불안해하지 않고 동력으로 삼아 새롭게 찾아올 어려운 질문을 기꺼이 맞이할 수 있는 마음이기를 바란다. 조언 없이, 그리고 누군가를 가르치려는 마음 없이 시작한 책을 끝마치려는 먼 동료가 바라는 소박한 소원이다.

재형